外国人労働者の雇い方 完全マニュアル

Complete Manual for Employing Foreign Workers

特定社会保険労務士
山田真由子

C&R研究所

はじめに

私は、仕事に携わる中で、日本で働きたいと考えている多くの外国の方や実際に働いている外国人労働者の方と話す機会をいただきました。

初めてのきっかけは、ブラジルやペルーの方をはじめとする定住外国人の方に対して労働慣行を教える講座を担当したことでした。その時は、10代から50代まで幅広い層の方が受講してくださいました。日本語がある程度できる方とは聞いておりましたが、言葉の壁だけでなく、文化の違いを実感しました。またある時には、留学生に対して日本の社会保険制度についてお話をする機会をいただきました。留学生は、日本で働きたいと思っている人も多く、在留資格、日本での就職活動や将来の母国にいる家族のことなど様々なことに課題を感じていました。

更には、外国人技能実習制度適正化事業にて関わらせていただいた時、外国人技能実習生にお会いしました。20代の若い実習生が、働く目的を明確に持って日本語の勉強に取り組み、真剣に働いている姿に触れました。その後も様々な外国人の方にお会いしましたが、日本人とは異なる点が沢山あるとともに、グローバル化に目を向けるきっかけとなりました。

働き方改革に伴い、高度人材をより積極的に受け入れることとなり、入管法の改正では在留資格の「特定技能」が創設され、外国人労働者の受け入れが進み始めています。

その一方で、中小企業の経営者や人事・総務の担当者の方とお話しておりますと、どちらかと言えば、労働力確保や人件費の抑制にはつながるものの、日本人と外国人の言葉の壁、生活様式や価値観の違いによるトラブルが多いというネガティブな固定概念を持っておられるケースが多く、現実とは異なる情報が原因で誤解されていることも多いと思います。

本書では、在留資格の種類、採用方法、労務管理などの現場の情報を必要な人に提供し、外国人の雇入れの時に活用していただければと思います。また、外国人雇用を考えておられる経営者の方や人事・総務の担当者様に対して外国人労働者を雇う時に参考になり、お役に立てると嬉しく思います。

山田真由子

CONTENTS

第3章 外国人労働者を採用する方法

第4章 外国人労働者を雇うために必要な手続き

第5章 外国人労働者を雇った後の注意点

第6章 その他に知っておくべきこと

第1章
外国人労働者の雇用について

Complete Manual for Employing Foreign Workers

SECTION 01

なぜ今、外国人雇用が必要なのか？

少子高齢化、働き方改革の推進、入管法の改正など社会的な背景に大きく影響を受けていることもありますが、なぜ今、外国人雇用が必要なのでしょうか。

私は、外国人の雇用が必要な利点は、「若い労働力の確保ができる」、「職場が活性化する」、「グローバル化に適応する」の3点だと思います。それでは、順に見ていきましょう。

若い労働力の確保ができる

リーマン・ショックは、10年も前のことになりますが、それは日本の雇用に現在でも大きな影響を与えています。１００年に1度と呼ばれた２００８年のリーマン・ショックは、世界的な金融危機となり広がっていきました。もちろん、日本でも大きな経済的な打撃を受けただけでなく、日本の雇用にも多大な影響を与えました。

製造業界をはじめ多くの人々がコスト削減のため、派遣の方はもとより、多くの正社員も雇用を打ち切られました。

また、２０１０年卒の学生はリーマン・ショックのあおりを受け、就職難に追いこまれました。２０１０年卒から２０１３年卒の学生は、就職率が60％にまで落ち込み、正社員になれずに、非正規雇用として就職した学生も少なくありません。

そこで今、問題になっているのは、企業におけるリーマン・ショック後に就職難のあおりを受けた30代が社内にいないため、企業の基盤となるべき人材が少なく、かつ、あまり育っていないこ

とです。また、大手企業も、リーマン・ショック時に新卒採用を控えていたため、現在、まず大企業が若手の確保に必死に取り組んでいます。そのせいか、中小企業は、ますます新卒や若手の採用に苦戦を強いられています。

このような現状から若い労働力を確保するために、外国人を雇うことも検討せざるを得ない状況になっています。

職場が活性化する

外国人労働者は、日本で働く目的が明確です。その目的は、お金を稼ぐことや技術を習得することです。彼らは、来日する際に研修費として多額の借金をしているためその返済をしたり、あるいは家族のためにお金を送金したりと、お金を稼ぐことに懸命です。また、母国に帰った時に発揮すべきノウハウを蓄積するため、技術の習得には努力を惜しみません。このような姿勢の外国人労働者が、日本の職場に入ると日本の労働者に大きな刺激を与え、職場が活性化します。

参考として、総合求人情報サイト「はたらこねっと」での「外国人と一緒に働く実態とコミュニケーションの取り方について」の調査の結果では、外国人と一緒に働いて良かった理由として、「日本以外の文化や慣習を知るきっかけになった」の64％が最も多く、次いで「交友関係が広がった」が38％、「学ぶ意欲や働く意欲が強く触発された」が36％となり、日本人のモチベーションを高めていることがわかります。

先日、私がある介護施設の施設長とお話をしていたところ、その施設は、ＥＰＡ（経済連携協定）によりインドネシアやフィリピンの介護福祉士候補生を5名雇っておりました。そして、5つの点で職場に良い影響を与えていると教えてくれました。

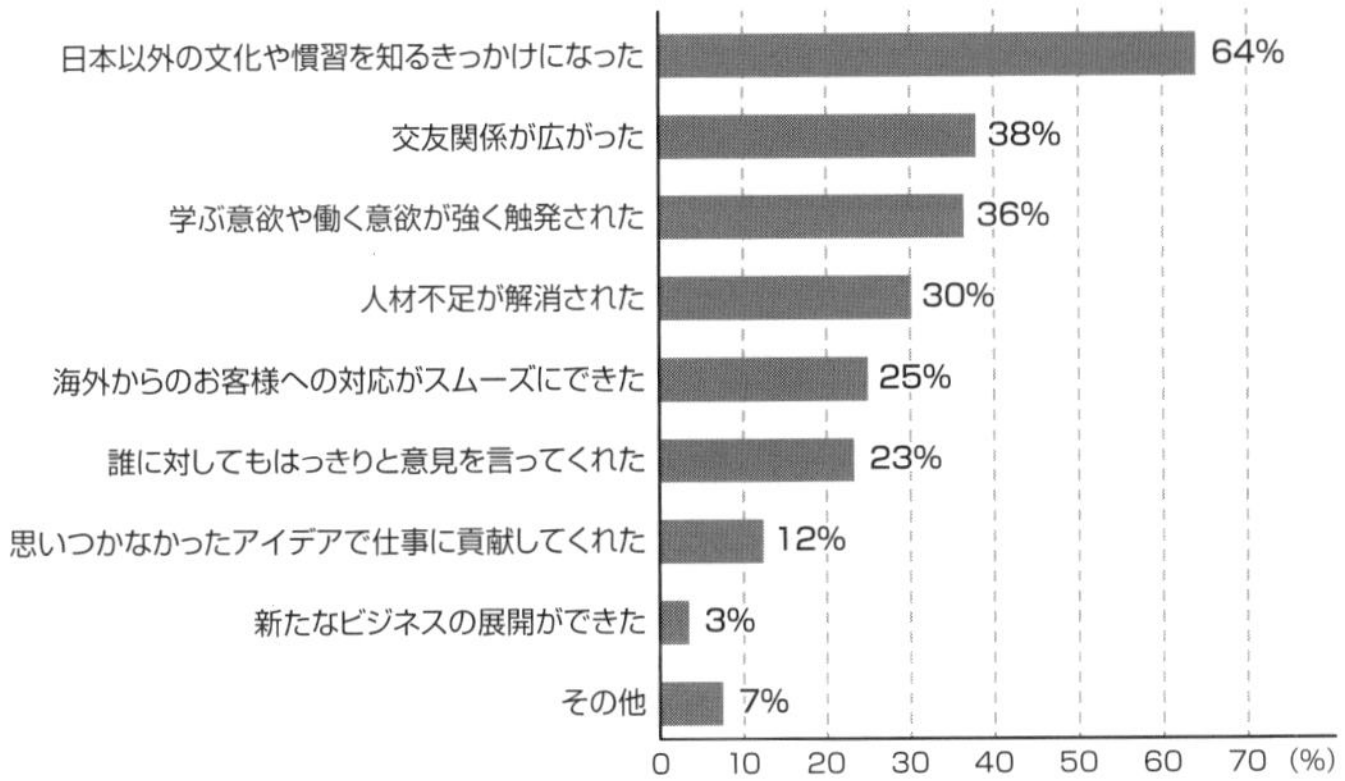

※はたらこねっとユーザーアンケート
　外国人と一緒に働く実態とコミュニケーションの取り方について

❶日本人の職員間の連帯感が高まる
❷介護福祉士候補者の丁寧な話し方などが、日本人に良い影響となる
❸職場のチームワークや指導力が伸びる
❹介護福祉士候補者の日本語能力が不足していることから、記録業務の標準化が進んだ
❺日本人職員の異文化への理解が進んだ

このような理由から、来年度の計画にも数名の外国人を雇う計画をされています。外国人を雇っている事業所は、雇用拡大に前向きです。

グローバル化に適応する

国内市場規模の縮小と海外の市場規模の大きさから、海外進出を決める日本企業も多くなりました。グローバル化を進めるにあたり、外国人労働者の能力や考え方を取り入れることも必要とされています。

この3点から、日本においても外国人雇用の必要性が高まっていることがおわかりになるでしょう。

SECTION 02

急増する外国人労働者の現状と今後の動向

最近、コンビニや飲食店をはじめ色々な場所にて外国人労働者が働いている場面を目にします。では、外国人労働者は、いったい何人働いているのでしょうか。日本における外国人雇用については、厚生労働省の『「外国人雇用状況」の届出状況まとめ』により知ることができます。

そこで、都道府県別外国人雇用事業所及び外国人労働者数、国籍別外国人労働者の割合、在留資格別外国人労働者の割合について次ページのグラフをご参照ください。このデータから今後の動向を考察します。

２０１８年10月末現在、外国人労働者数は１４６万４６３人で、前年同期比18万１７９３人、14・２％増加しました。また、外国人労働者を雇用する事業所数は21万６３４８か所で、前年同期比２万１７５３か所、11・２％増加しました。両者とも、２００７年に届出が義務化されて以降、過去最高を更新しています。

国内において外国人労働者は着実に増加傾向にあります。増加した理由としては、次の点などが背景にあると考えられています。

❶政府が推進している高度外国人材や留学生の受け入れが進んでいること

❷雇用情勢の改善が着実に進み、「永住者」や「日本人の配偶者」などの身分に基づく在留資格の方々の就労が進んでいること

❸技能実習制度の活用により技能実習生の受け入れが進んでいること

次に、国籍別外国人労働者数の割合で見ますと、中国、ベトナム、フィリピンの人数の割合が多くなっています。特に、ベトナム人の増加は著しいものがあります。ベトナムが多い理由として、ベトナム人に労働力となってほしい日本人のニーズと日本で働きたいベトナム人のニーズがマッチしたからです。彼らにとって日本の給与水準は魅力的です。加えて、日本語や日本の技術を学べば、母国に帰ってからも高水準の給与が期待できます。一方、中国人が減少した理由として、本国の給与水準が上がり、来日することに魅力が少なくなったことが挙げられるでしょう。また、インドネシアやネパール人の増加について

国籍別外国人労働者の割合

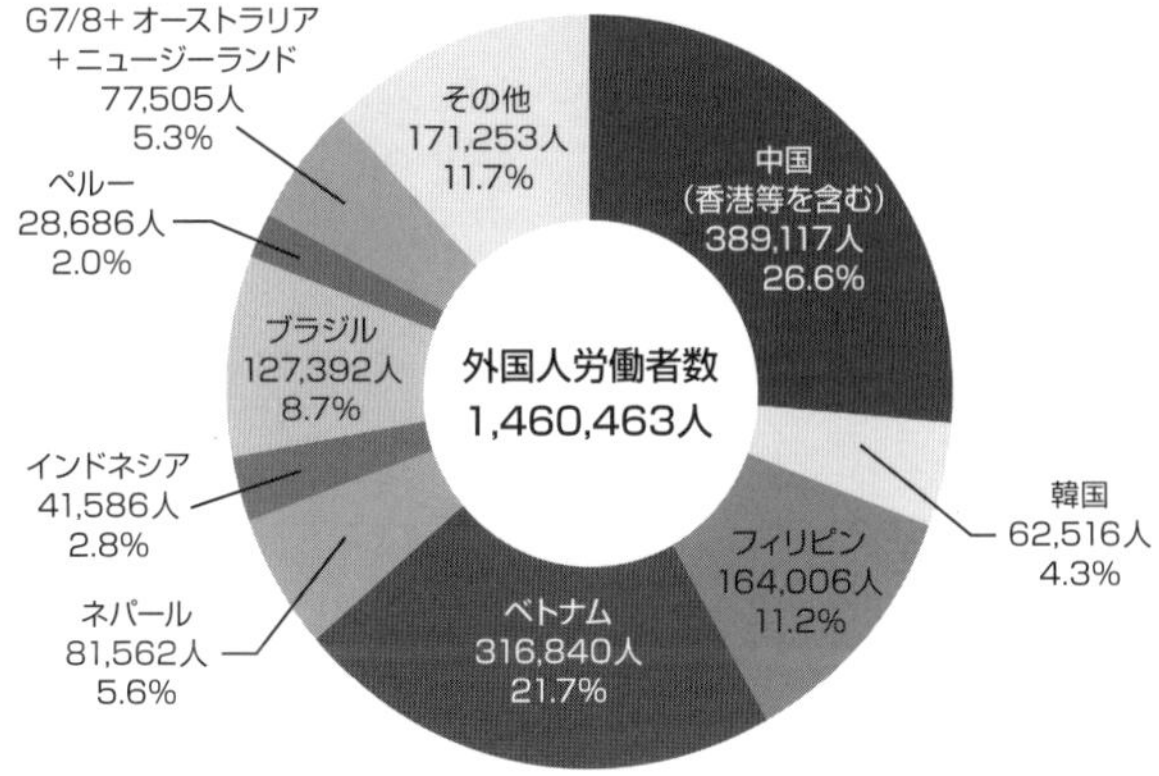

在留資格別外国人労働者の割合

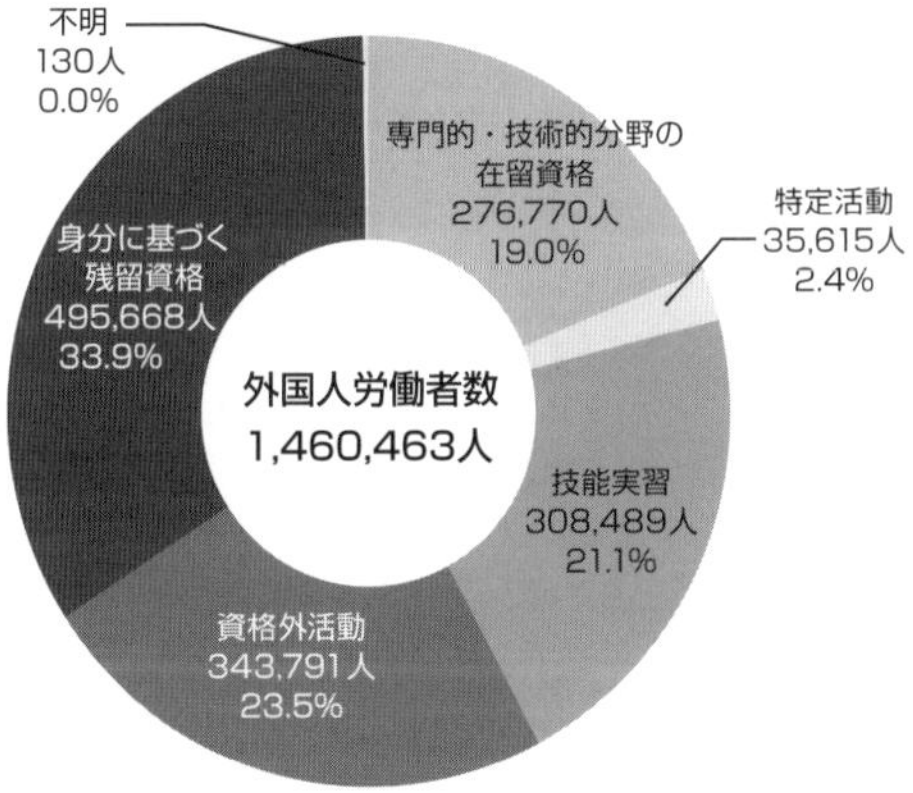

※厚生労働省『「外国人雇用状況」の届出状況まとめ（2018年10月末現在）』

は、日本との友好関係にあり、留学生の受け入れが増加したものだと推察されます。

このように、現在の日本は外国人の労働力に頼っています。そこで、このまま労働力として外国人の労働者に働き続けてもらうには、更に日本の魅力を海外に発信することが必要不可欠でしょう。従来の中国のように経済的な魅力だけでは変化する世界の経済事情にも左右されるでしょう。まずは、経済的な事情だけでなく、日本文化の魅力を海外にアピールすることが大切です。例えば、邦画アニメは評価が高くとても人気がありますので、海外に向けて日本の文化の魅力を伝えたりすることとの1つの手段となるでしょう。

なぜ、「今こそ」海外に日本の魅力を発信することが必要なのでしょうか。それは、他の国も日本と同じように高齢化が進み、人材確保に力を入れ始めたからです。以前、ベトナムに視察に行かれた方にお話をお聞きしますと、技能実習生の受け入れにEU諸国の中でも高齢化が問題になっているドイツの方々も熱心にベトナムにアプローチしているそうです。また、お隣の中国も高齢化しており、富裕層の人々は、日本の介護サービスを受けたいと思っている人が沢山いらっしゃるそうです。

将来的に、日本のサービスを受けるために日本の優秀な介護職員を引き抜きされる可能性も出てきます。リーマン・ショックの時も日本人の優秀な技術者が高額な給料と引き換えに海外の即戦力として活躍してきました。このままでは、労働力の陣取り合戦のようになります。今後は日本人も海外の会社に出稼ぎに行くことも増えると考えられます。つまり、グローバルに人の流れを見ていかなければ人材確保の側面においても国際的な競争力についていけないのです。

更に、都道府県別に外国人労働者数を見ていきますと、東京都、愛知県、大阪府のような大都市圏の人数が多いです。大きな街では、サービス業で多くの外国人労働者を見かけるようになりました。おそらく、留学生として日本に来られている人も多いでしょう。留学生は、本来学習目的で入国されていますが、都市部ではいくつものアルバイトを掛け持ちしている人が多いのではないかと思います。大規模に展開されているチェーン店やフランチャイズ店が、外国人の受け入れを念頭にいれて人員計画をしている中で、中小企業の方々がどのように外国人受け入れに対してノウハウを蓄積していくのかも検討事項と言えます。また、地方において外国人労働者が増加しているのは、主に熊本県と鹿児島県です。熊本県は、震災以降に技能実習生が増加しています。高齢化率の高い県がどのように外国人雇用を考えていくのか、各自治体の動向が目を離せません。自治体の姿勢により外国人の誘致がうまくいくのかどうなのかが決まるでしょう。企業側も、自治体の動きを見ておくことが必要だと考えています。

例えば、外国人の方々に対して空き家の提供や外国人労働者の受け入れに伴う補助金などの検討が注目されると思います。特に、技能や経験が必要で人手不足が深刻な産業には対策が必要になります。現在のところ、法律的に外国人の受け入れが進んでいるにも関わらず、器が備わっていない状態と言えるでしょう。

全体を通して言えることは、外国人労働者数が、政府の施策により急激に増加しています。その中で、自らがグローバルな視点を持つこと、自治体の動向を把握することが企業にとってカギとなります。「うちは中小企業だから関係ない」とは言っていられなくなるでしょう。

都道府県別外国人雇用事業所数及び外国人労働者数

平成30年10月末現在　　　　（単位：所、人）

	事業所数			構成比	外国人労働者数			構成比
		うち派遣・請負事業所	[比率]（注1）	（注３）		うち派遣・請負労働者	[比率]（注2）	（注３）
全国計	**216,348**	17,876	[8.3%]	100.0%	**1,460,463**	309,470	[21.2%]	100.0%
1 北海道	**4,342**	160	[3.7%]	2.0%	**21,026**	796	[3.8%]	1.4%
2 青森	**620**	12	[1.9%]	0.3%	**3,137**	26	[0.8%]	0.2%
3 岩手	**808**	43	[5.3%]	0.4%	**4,509**	201	[4.5%]	0.3%
4 宮城	**1,880**	113	[6.0%]	0.9%	**11,001**	909	[8.3%]	0.8%
5 秋田	**431**	4	[0.9%]	0.2%	**1,953**	9	[0.5%]	0.1%
6 山形	**862**	55	[6.4%]	0.4%	**3,754**	320	[8.5%]	0.3%
7 福島	**1,544**	159	[10.3%]	0.7%	**8,130**	1,221	[15.0%]	0.6%
8 茨城	**5,857**	416	[7.1%]	2.7%	**35,062**	6,899	[19.7%]	2.4%
9 栃木	**2,838**	392	[13.8%]	1.3%	**24,016**	8,965	[37.3%]	1.6%
10 群馬	**3,887**	503	[12.9%]	1.8%	**34,526**	13,775	[39.9%]	2.4%
11 埼玉	**10,345**	748	[7.2%]	4.8%	**65,290**	13,083	[20.0%]	4.5%
12 千葉	**8,865**	482	[5.4%]	4.1%	**54,492**	7,579	[13.9%]	3.7%
13 東京	**58,878**	4,716	[8.0%]	27.2%	**438,775**	80,438	[18.3%]	30.0%
14 神奈川	**13,924**	1,237	[8.9%]	6.4%	**79,223**	15,353	[19.4%]	5.4%
15 新潟	**1,806**	113	[6.3%]	0.8%	**8,918**	926	[10.4%]	0.6%
16 富山	**1,751**	121	[6.9%]	0.8%	**10,334**	2,078	[20.1%]	0.7%
17 石川	**1,518**	194	[12.8%]	0.7%	**9,795**	2,585	[26.4%]	0.7%
18 福井	**1,249**	72	[5.8%]	0.6%	**8,651**	2,890	[33.4%]	0.6%
19 山梨	**1,184**	113	[9.5%]	0.5%	**6,910**	2,255	[32.6%]	0.5%
20 長野	**3,445**	228	[6.6%]	1.6%	**17,923**	3,738	[20.9%]	1.2%
21 岐阜	**3,864**	306	[7.9%]	1.8%	**31,279**	9,966	[31.9%]	2.1%
22 静岡	**6,869**	1,288	[18.8%]	3.2%	**57,353**	26,720	[46.6%]	3.9%
23 愛知	**17,437**	2,241	[12.9%]	8.1%	**151,669**	46,960	[31.0%]	10.4%
24 三重	**3,336**	433	[13.0%]	1.5%	**27,464**	10,031	[36.5%]	1.9%
25 滋賀	**1,855**	432	[23.3%]	0.9%	**17,238**	8,063	[46.8%]	1.2%
26 京都	**3,206**	211	[6.6%]	1.5%	**17,436**	1,940	[11.1%]	1.2%
27 大阪	**15,137**	726	[4.8%]	7.0%	**90,072**	14,573	[16.2%]	6.2%
28 兵庫	**6,277**	411	[6.5%]	2.9%	**34,516**	5,106	[14.8%]	2.4%
29 奈良	**897**	24	[2.7%]	0.4%	**4,116**	489	[11.9%]	0.3%
30 和歌山	**616**	37	[6.0%]	0.3%	**2,395**	171	[7.1%]	0.2%
31 鳥取	**608**	18	[3.0%]	0.3%	**2,755**	67	[2.4%]	0.2%
32 島根	**636**	19	[3.0%]	0.3%	**4,297**	1,257	[29.3%]	0.3%
33 岡山	**2,296**	77	[3.4%]	1.1%	**16,297**	1,621	[9.9%]	1.1%
34 広島	**4,387**	344	[7.8%]	2.0%	**31,851**	3,610	[11.3%]	2.2%
35 山口	**1,281**	100	[7.8%]	0.6%	**7,723**	787	[10.2%]	0.5%
36 徳島	**934**	47	[5.0%]	0.4%	**4,389**	221	[5.0%]	0.3%
37 香川	**1,467**	100	[6.8%]	0.7%	**8,703**	830	[9.5%]	0.6%
38 愛媛	**1,515**	200	[13.2%]	0.7%	**8,376**	1,241	[14.8%]	0.6%
39 高知	**725**	35	[4.8%]	0.3%	**2,592**	186	[7.2%]	0.2%
40 福岡	**7,625**	517	[6.8%]	3.5%	**46,273**	7,948	[17.2%]	3.2%
41 佐賀	**746**	22	[2.9%]	0.3%	**5,258**	461	[8.8%]	0.4%
42 長崎	**1,174**	58	[4.9%]	0.5%	**5,433**	274	[5.0%]	0.4%
43 熊本	**2,438**	93	[3.8%]	1.1%	**10,155**	667	[6.6%]	0.7%
44 大分	**1,144**	62	[5.4%]	0.5%	**6,254**	562	[9.0%]	0.4%
45 宮崎	**860**	14	[1.6%]	0.4%	**4,144**	77	[1.9%]	0.3%
46 鹿児島	**1,393**	73	[5.2%]	0.6%	**6,862**	464	[6.8%]	0.5%
47 沖縄	**1,591**	107	[6.7%]	0.7%	**8,138**	1,132	[13.9%]	0.6%

※厚生労働省「外国人雇用状況」の届出状況まとめ（2018年10月末現在）」

SECTION 03

外国人雇用の費用は安いのか？ 高いのか？

外国人雇用をしていない事業主の方にお話をお聞きしますと、ある方は「外国人雇用は安い」とおっしゃる方がいます。一方、「外国人雇用は高くつく」と考える事業主の方もいらっしゃいます。結局、総じて外国人雇用についてご存じない方が多いのです。

実際のところ、外国人雇用の費用は安いのでしょうか。高いのでしょうか。

結論から言いますと、外国人雇用のコストは総合的に見て高くつくと思います。例えば、技能実習生の場合、給料以外に、住居費や医療費の補助、自国までの渡航費ならびに監理団体に支払う監理料などが発生するからです。逆に、外国人雇用の費用が安いと考えておられる事業主は、「どうせ最低賃金で雇用するから」と思っておられるかもしれませんが、２０２０年４月１日（中小企業は２０２１年４月１日）から施行されます「同一労働同一賃金」に対応しなければならなくなります。この同一労働同一賃金とは、同じ仕事をしている正社員と非正規社員の待遇や給料の格差をなくすための目的で施行された法律で、もちろん、外国人労働者にも適用されます。

ここで考えなければいけないことは、技能実習生に対して仮に1年目は最低賃金で雇入れをしたとしても、2年、3年と年月を経て彼らのこなす仕事が日本人労働者と同じようになった時に、給料をアップする必要があります。

外国人労働者を受け入れるにあたり、コストを見積もることは大切ですが、それだけではうまくいきません。なぜならば、短期的なコストだけ計算するあまり、中長期的に外国人労働者を育成するという人的な投資意識がなければ採用はできても定着につながらないからです。

そもそも日本は高齢化社会であり、若手は一層、人材不足です。加えて雇用情勢は、バブル期より求職者の売り手市場になっております。ですから、なおさら外国人労働者の採用要件を明確にして、育成していくことが必要なのです。特に、トラック運転手のほか、建設業の職人、ＩＴ技術者、介護スタッフ、美容師、エステティシャンなどの専門性の高い技術を持つ人材の採用や人材確保がうまくいかない業界こそ早急に対応が必要でしょう。

SECTION 04

外国人材の受け入れの推進

外国人材の受け入れは、政府の働き方改革実行計画の13のロードマップの１つです。企業における職務などの明確化と公正な評価・処遇の推進など、高度外国人材を更に積極的に受け入れるための就労環境の整備の重要性を推進しています。また、２０１７年4月から高度外国人材の永住許可申請に要する在留期間を現行の5年から世界最速級の1年とする「日本版高度外国人材グリーンカード」を創設し、積極的な外国人材の受け入れを行う方針を打ち出しています。

高度外国人材には、単なる働き手として当座の労働力の確保のためではありません。日本人採用だけでは得ることが難しいと考えられる大きなメリットが２つあります。

１つ目に、高度な専門知識や技術を習得していて、即戦力人材として期待できます。そしてそれ以上に高度外国人材を採用するメリットは、外国語と日本語をどちらも話せることが大きいのです。そのため、すでに採用している、あるいはこれから採用を計画している技能実習生や外国人や日系人などのリーダー的な役割を担ってもらうことが可能です。更には、ゆくゆく外国人と日本人をつなぐ役割も期待できるでしょう。

2つ目の理由は、将来の海外戦略のキーマンとしてこれからの企業の方向性を考えるうえでとても重要な役割を担うことが挙げられます。このような中で高度外国人受け入れの人数は増加傾向にあります。

しかしながら外国人留学生の人数は、少し伸び悩んでいます。その原因として、まず、留学生に対して出入国在留管理局の審査が通りにくくなっていることがあげられます。なぜなら、ある大学では外国人留学生が研究生という形で入国しながらいつの間にか所在不明者となり、不法在留者数が増えたニュースなども記憶に新しいでしょう。

その他にも、在留資格と留学生のミスマッチングがあげられます。留学生の多くは、卒業後も日本で就職を希望しています。なぜならば、日本の治安の安全性は世界でもトップクラスであり、アジア圏の中でも経済大国だからです。

また、ヨーロッパからのスペイン、ギリシャ、イタリア、フランスの留学生は、母国に帰っても不況であり、祖国の大学を卒業しても就職することが難しい現状にあります。留学生は、高度人材の在留資格の1つである「技術・人文知識・国際業務」などの取得を希望していますが、出入国在留管理局の審査に通らないケースが多いです。

なぜ、審査に通りにくいのでしょうか。その理由として、在留資格を意識して大学生活を行っていないことや、大学が留学生に対してキャリア形成を行うことを促進していないからです。もちろん、大学や専門学校には、キャリアセンターや留学生に対応する部門などがありますが、それをうまく活用できていない場合があります。各セクションの広報活動はされていますが、連携がとれていないことも課題です。私は、キャリアセンターや留学生を担当する学校の部門担当者が、企業、留学生と国際協会や国際センター、ハローワーク、外国人雇用サービスセンターなどを円滑につなぐコーディネーターの存在がいない、もしくは少ないからだと分析しています。

今後は、産学連携できる留学生対応のコーディネーターを養成することが必要でしょう。担当されるコーディネーターは、単年度の臨時職員ではなく、複数年、職員として活動してもらえる人を切望します。そうでないと、真の意味での人と企業をつなぐことはできないからです。

その一方で、高度外国人を将来的に採用したい企業や事業所は、まず、自社に必要な人材を考える前に、なぜ高度外国人材の雇用が必要なのかを考えましょう。

例えば、1、2回生のうちに自社の経営戦略としてグローバル化を進めるために通訳や翻訳として活動してほしいと考えるのであれば、在学中からTOEICやケンブリッジ英検の資格取得は必須であり、ある程度のレベル以上を目指すよう

※ケンブリッジ大学英語検定機構のサイト

に中期的な留学生に対するキャリア形成を促進する取り組みをしなければなりません。

　各都道府県で英語などの言語について留学生向けの試験制度を作るなどすると、ある程度の基準が担保され、留学生にもわかりやすく、出入国在留管理局も留学生の語学レベルを管理しやすくなるでしょう。

　まず、出入国在留管理局の在留資格の「どの種類を取得するのか」を意識しながら進めていきましょう。

　早期に留学生に出会えるためには、国際センターや国際協会などでは交流会を行っていますし、大学や専門学校の留学生担当者に尋ねつつ、ハローワークや外国人雇用サービスセンターの就職説明会などに参加するなど、企業や事業所の高度外国人材の取り組みの情報発信をすることが必要です。

　期待できる高度外国人材を獲得するには、留学生と早期に知り合い、時間をかけて教育を行い、在留資格を取得してもらいましょう。そして、お互いに交流したうえで就職につなげることが良いでしょう。

SECTION 05

改正入管法後どう変わるのか？

「入管法」は略名で、正式名称は「出入国管理及び難民認定法」と言い、入国・出国、外国人の在留資格、不法入国などに関する法律です。

２０１８年に入管法が改正され、２０１９年４月１日から施行されています。その背景として、急激な少子高齢化を迎え労働力不足であることが日本経済の成長阻害の要因であることが挙げられます。今回の改正により新たな外国人材受け入れのための在留資格「特定技能」が創設されました。

特定技能は、初年度は最大約４万７０００人と試算されていましたが、現状は想定の数％にすぎず、受け入れ人数は伸び悩んでいます。その理由として、次の５点があげられます。

❶書類が煩雑なこと

❷出入国在留管理局の審査部門の動きが遅く、技能実習法ができて検証期間が短いた

め、法律的に立て付けがうまくいっていない部分がある

❸留学生のオーバーワークが原因で不許可が多いので、手続きする側の疲労感が否めない

❹単純労働者に対して日本人と同等以上の雇用条件に対して企業が肯定的でない側面がある

❺企業側からすれば、技能実習生と比べて、外国人労働者に対する転職などの縛りがないため、せっかく自社で育てたとしても、他社に外国人労働者の自由意志で転職されるリスクが大きく、それに伴い労働条件が良い企業に流れてしまい、企業間で外国人労働者の陣取り合戦になり、ひいては、企業間のモラルが保てなくなる可能性がある

特定技能の業種である介護の事業所の経営者からは、特に介護に関しては技術や技能が必要なので、短期間で転職されると、人材育成ができなくなってしまうことを懸念しています。また、介護の技能実習は、2017年より新しく加わったため、技能実習を経験後、老人保健施設や特別養護老人ホームなどの

入所系の施設に特定技能として移行しますと、今から2、3年後から特定技能が急激に増加するだろうと予測されていました。

特定技能はできたばかりの在留資格なので、ちょうど過渡期にあり、企業も様子を見ながら進めている状況です。

SECTION 06

技能実習生の今後はどうなるか?

外国人の受け入れでかなり多くの人数を占めているのは、技能実習生です。２０１８年10月現在では30万人を超えており、全体の20%を以上を占め、その数は、前年よりも約20%増となっており、より急激に増加をしています。

技能実習制度とは、技能、技術または知識の開発途上国などへの移転を図り、開発途上国などの経済発展を担う「人づくり」に協力することを本来の目的としています。一言でいえば、「国際協力」です。

しかしながら受け入れの実態は、ややもすれば人手不足企業による労働力の確保が目的になっています。独立行政法人労働政策研究・研修機構の「企業における外国人技能実習生の受入れに関する調査」によると、技能実習生の受け入れ上位3項目は、「一定の人数の労働者を一定期間確保できるから」、「日本人従業員を募集しても応募がないから」、「日本人従業員を採用しても定着が悪いから」が挙げられており、実質的には労働力の供給が企業の目的になっています。

そこで、2019年4月より深刻な人手不足の業界に対応するために「特定技能」という在留資格が創設されました。それに伴い、今後、技能実習生はどうなるのでしょうか。

私は、これまでのように技能実習生が増加すると推察しております。なぜならば、特定技能と違い、技能実習生は原則として転職ができないからです。技能実習生が技能実習1号（1年以内）、技能実習2号（2年以内）、技能実習3号（2年以内）の合計で最長5年まで活動できますので、いずれは、技能実習生を経て特定技能へ移行されるでしょう。

まずは、適切な監理団体が中小企業に入り、人事管理や労務管理を適切に指導しつつ中小企業の職場の環境を高めると、外国人労働者だけでなく日本人労働者のエントリーが増える結果につながります。つまり、外国人労働者を受け入れることで相乗効果として職場環境改善が進むという良い流れができることを願っています。

外国人労働者を雇入れる時に大切な3つのこと

外国人労働者を受け入れる企業の本音は、労働力の確保にあると思われますが、それだけで良いのでしょうか。それでは当然、採用はできても人材の確保・定着はうまくいきません。なぜならば、外国人労働者には、横のネットワークがあり、受け入れ企業での情報をお互いに交換しているからです。「私のところでは、そんなことまでしてくれなかった」などと、他社との待遇を比べていきなり転職したり、極端には失踪したりするケースも少なくありません。

そこで私は、外国人労働者を雇うには、「環境整備」、「外国人労働者の教育」、「インクルージョン（相互支援）」の3点が必要だと痛感しております。それでは順に見ていきましょう。

環境整備

まずは、職場環境の整備からです。例えば、勤務時間・作業編成の工夫や円滑な作用手順ができるように業務改善を行い、作業場環境を整えることなどが挙げられます。最近では、心の健康づくりの取り組みを行い安心できる職場の仕組みを目指す企業もあります。

加えて、外国人の方には職場環境整備のみならず、生活環境を整えることも必要でしょう。例えば買い物に行くための自転車を用意したり、ホームシックにかからないようにインターネット環境やWi-Fi(ワイファイ)を完備するなどの生活支援が外国人労働者の信頼につながります。

外国人労働者の教育

外国人労働者は、ある程度の日本語教育を受けてから企業が受け入れをするのですが、何といっても日本語の習得には、非常に苦慮されています。

日本語は「ひらがな」「カタカナ」「漢字」の3種類あり、表現方法が豊かであることが特徴です。例えば「すみません」は、2つの使い方があります。人に謝る時に使い、お店で最初の挨拶をする時にも使います。このように表現方法が多岐にわたり、職場で日本語を使いこなすことができないため、日本語教師のレッスンも必要不可欠であり、職場の方々からもＯＪＴ（企業内訓練）にて日本語を理解してもらうように伝えることが大切です。

また、日本語教育だけでなく、「和を以って貴しと為す」や「あうんの呼吸」など日本の伝統的な考え方を教えることも有効でしょう。一人ひとり違う価値観を持つ人が発言できることで、調和を作ることが大事です。時には押したり、時には引いたりしながらお互いの意見を融合する日本の独特の文化を肌で感じ理解してほしいと切に思います。

加えて、ビジネスマナーや日本の慣習の教育も必要です。例えば、職場のルールや時間厳守などを教えることも大切です。

インクルージョン（相互支援）

「ニッポン一億総活躍プラン」の「一億総活躍社会の意義」の中で、「全ての人が包摂《ほうせつ》される社会が実現できれば、安心感が醸成され、将来の見通しが確かになり、消費の底上げ、投資の拡大にもつながる。また、多様な個人の能力の発揮による労働参加率向上やイノベーションの創出が図られることを通じて、経済成長が加速することが期待される（包摂と多様性による持続的成長と分配の好循環）」と記されています。

この中の「包摂」という言葉は、「インクルージョン」を示していると私は考えています。「インクルージョン」という言葉も聞きなれない言葉だと思いますので簡潔に説明すると、多様な価値観を持った人材が活躍できる社会実現を目的としています。

今まで、ダイバーシティ（多様化）の下で外国人労働者を受け入れてきました。しかしながら、外国人労働者を受け入れても、外国人差別を無くし、お互いの文化を理解しなければ職場でのやる気は上がりません。つまり、ダイバーシティ（多様性）だけでなく、その後の外国人材に活躍してもらうことこそがインクルージョンであると考えています。

SECTION 08

外国人労働者を雇う場合の関連諸法令

外国人を雇う場合に必要な法令として、労働に関する主な法令や入管法があります。労働に関する主な法令のうち、労働基準法、労働契約法、労働安全衛生法、労働者災害補償保険法、最低賃金法、男女雇用機会均等法、パートタイム・有期雇用労働法、労働者派遣法について説明します。

労働基準法

労働条件に関する最低基準を定めています。労働条件とは、賃金、労働時間、解雇、災害補償、安全衛生などに関する職場の待遇のことです。

労働契約法

就業形態が多様化し、労働条件が個別に決定されるようになり、個別労働紛争が増加しています。そこで、紛争の未然防止や労働者の保護を図るため、労働契約についての基本的なルールをわかりやすく明らかにしたものです。

労働安全衛生法

労働基準法から派生した法律で、危険防止基準の確立、責任体制の明確化及び自主的活動の促進などにより、職場における労働者の安全と健康を確保するとともに、快適な職場環境の形成を促進することを目的としています。

労働者災害補償保険法

業務上の事由または通勤による労働者の負傷、疾病、障害、死亡などに対して必要な保険給付などを行うことを目的としています。

最低賃金法

労働基準法から派生し、賃金の最低額を定める法律です。労働者の安定した生活や労働力の向上することを目的としています。

男女雇用機会均等法

正式名称は、「雇用の分野における男女の均等な機会及び待遇の確保等に関する法律」です。職場における男女差別を禁止するとともに均等な待遇の実現を趣旨とする法律です。

パートタイム・有期雇用労働法

正式名称は、「短時間労働者及び有期雇用労働者の雇用管理の改善等に関する法律」です。正社員と非正規社員の間の不合理な待遇差を禁止について定めています。

労働者派遣法

正式名称は、「労働者派遣事業の適正な運営の確保及び派遣労働者の保護等に関する法律」です。派遣労働者の就業条件の整備や、職場での権利を確保するために定められた法律です。

入管法

正式名称は、「出入国管理及び難民認定法」です。入国・出国、外国人の在留資格、不法入国などに関する法律です。

労働に関する諸法令は、外国人労働者であっても日本人同様に適用されますので、しっかり理解することが必要です。入管法の中でも特に在留資格については第2章で取り上げます。

第2章 在留資格の種類

Complete Manual for Employing Foreign Workers

SECTION 09

在留資格と在留資格の種類

外国人労働者が日本で働くにあたり、在留資格の確認を徹底しなければなりません。そこで、まずは在留資格と在留資格の種類を知ることが必要です。

在留資格とは、外国人が日本に入国・在留して従事することができる活動や入国・在留できる身分または地位について類型化し、法律上明らかにしたものであり、２０１９年11月現在33種類の在留資格があります。簡単に言えば、在留資格とは外国人が日本に住むための資格であると言えるでしょう。

最初に、在留資格をわかりやすく説明するために「身分や地位がある在留資格」と「活動制限がある在留資格」に分類します。

身分や地位がある在留資格

「身分や地位がある在留資格」とは、在留中の活動に制限がないため、様々な分野にて働くことができます。４種類ありますので、順に見ていきましょう。

❶永住者

法務大臣から永住の許可を受けた者のことを指します。永住許可については、「素行が善良であること」、「独立して生計を営むだけの資産または技能を有すること」、「原則として引き続き10年以上、日本に在留していること」が要件となっています。

２０１９年5月のガイドライン改訂によりますと、10年以上の継続在留については、「通算」ではなく、「引き続き」のため、期間が途中で切れた場合は再来日から10年以上の継続した場合に在留資格が改めて必要になりました。また、特例により10年より短い在留期間で永住者となれる場合もあります(日本人の配偶者等など)。

このことから、「永住者」の資格は、高度人材以外については取得が厳しい傾向にあることがわかるでしょう。最近、日本の永住許可が技能実習から特定技能の在留資格を通算するので、簡単に永住許可を得ることができるという誤った情報の営業電話がかかってきている会社や事業所がありますので、気を付けましょう。また、「特別永住者」とは、在日朝鮮人・韓国人・台湾人とその子孫が該当します。主な違いは、在留者は在留カードの携帯義務がありますが、特別永住者には携帯義務がないなどがあります。

❷日本人の配偶者等

日本人の配偶者と特別養子または日本人の子のことです。ここで気を付けて欲しいことは、日本人の配偶者と離婚した場合は、在留資格が取り消される可能性がありますので、そのような事実があった場合は、出入国在留管理局に確認しましょう。

❸永住者の配偶者等

永住者や特別永住者の配偶者または永住者等の子として日本で出生しその後引き続き日本に在住している者のことです。

❹定住者

法務大臣が特別な理由を考慮して一定の在留期間の居住を認める者のこと

です。例えば、日系3世や中国残留邦人など該当します。特に注意しなければいけないことは、日系4世は、「定住者」ではなく、「特定活動」の在留資格になりますので、活動制限がない在留資格ではありませんので、日系3世なのか4世なのかはきちんと把握しておかなければ違法に働かせてしまうことに繋がります。日系3世、日系4世を日系人と大雑把に把握している企業が見受けられますので、適切に把握しましょう。

活動制限がある在留資格

地位や身分がある在留資格を除きますと、29種類の在留資格があります。そのうち、2つに大分類しますので、順に見ていきましょう。

❶特定された就労活動が認められる在留資格

外交、公用、教授、芸術、宗教、報道、高度専門職1号、高度専門職2号、経営・管理、法律・会計業務、医療、研究、教育、技術・人文知識・国際業務、企業内転勤、介護、興行、技能、特定技能1号、特定技能2号、技能実習1号、技能実習2号、

技能実習3号、特定活動の24種類あります。そのうちの、専門資格などで就労する在留資格をご紹介します。

●高度専門職1号・2号

日本の公私の機関との契約に基づいて行う研究、研究の指導または教育をする活動、日本の公私の機関との契約に基づいて行う自然科学または人文科学の分野に属する知識、または技術を要する業務に従事する活動、日本の公私の機関において貿易その他の事業の経営を行いまたは管理に従事する活動のことです。高度人材ポイント制により、積極的に高度人材の受け入れを行う方針です。

●技術・人文知識・国際業務

日本の公私の機関との契約に基づいて行う理学、工学その他の自然科学の分野もしくは、法律学、経済学、社会学その他の人文科学の分野に属する技術もしくは知識を要する業務または外国の文化に基盤を有する思考もしくは感受性を必要とする業務に関する活動（一定の在留資格に掲げる活動を除く）です。例えば、通訳や語学教師があります。日常的に「技術・人文知識・国際業務」の名称が長いことから、よく俗称で「技人国」と呼んでいます。

●技能

日本の公私の機関との契約に基づいて行う作業上の特殊な分野に属する熟練した技能を要する業務に従事する活動のことです。例えば、外国料理の調理師やスポーツ指導者などがあります。

●介護

日本の公私の機関との契約に基づいて介護福祉士の資格を有する者が介護または介護の指導を行う業務に従事する活動のことです。介護福祉士を養成する日本の学校を卒業し、介護福祉士の資格を取得した外国人のみが対象となっています。２０１７年から運用、創設された在留資格です。

●技能実習

日本で開発され培われた技能・技術・知識を開発途上国などへ移転することを目的として国際協力の一環で創られた在留資格です。他の就労目的の在留資格と異なり、就労が目的でないことが大きな違いですが、実際は労働力として一役を担っているのが現状です。技能実習の詳細については、後ほど解説します。

●特定技能

深刻化する人手不足に対応するため、人材確保のため特定の産業分野において一定の専門性や技能を持つ外国人を受け入れるため2019年に創設した在留資格です。特定技能の詳細についても、後ほど解説します。

●特定活動

日本に在留する外国人は、個々の許可の内容により報酬を受ける活動の可否を決定されます。例えば、大学卒業後も就職活動を行う場合、EPAに基づく外国人看護師・介護福祉士候補者やワーキングホリデーなどがあります。特定活動については様々なケースがありますので、旅券に添付された指定書により具体的な類型の確認をしてください。

特にワーキングホリデーは、二国間の協定であり、対象国以外は適用できず、国ごとに異なります。２０２０年４月時点で対象国は、26か国です。就労時間に制限はありませんが、滞在期間は6か月または1年ぐらいの外国人が多く、アルバイトでお金を貯めた後に日本を観光してから帰国をします。このようなケースでは、労働力としてあてにしすぎると機能しないことがあるでしょう。

特定された就労活動が認められる在留資格で気を付けなければいけないことは、在留資格で決められた仕事でなければ就労できないということです。例えば、ホテルにて通訳として就労するということで「技能・人文知識・国際業務」の在留資格を取得した外国人が、客室の清掃などを行うことは仕事の内容が変わりますので、同じホテルに働いていたとしても違法になりますので、注意してください。

❷就労を認めていない在留資格

文化活動、短期滞在、留学、研修、家族滞在の5種類があります。そのうち、「留学」と「家族滞在」について説明します。

●留学

大学、短期大学、高等専門学校などに在学している者です。在学が前提条件になっていますので、単位を落としたりすると在留資格の更新がかなわないケースがあります。アルバイトをしすぎて単位を落とすケースがありますので、学業と両立しているのかどうか普段から聞いておきましょう。

●家族滞在

専門資格などで就労する在留資格を持って在留するものの扶養を受ける配偶者や子供として日常的な活動を行う者のことです。

「留学」、「家族滞在」などの在留資格は、原則として仕事をすることができませんが、資格外許可を持っていればアルバイトをすることができます。ただし、資格外活動許可書をもっていても、どんな仕事でもできるわけではなく、「1週間28時間以内」、「アルバイト先が風俗業でないこと」が条件です。そこで、注意しなければいけないことは、アルバイトをいくつも掛け持ちしている留学生です。自社で1週間28時間以内の就労であったとしても、他社との労働時間を通算して1週間28時間以内の就労でなくていけません。1分たりともオーバーしてはいけないので、労働時間を厳密に管理しましょう。長期休暇中は、特例として1日8時間、1週間40時間以内で働くことは可能ですが、事前にシフトなどできちんと管理してください。具体的には、旅券(パスポート)または在留カード、資格外活動許可書を確認し、就労時間や許可期限を確認しましょう。

在留資格について詳しくは、出入国在留管理庁の「在留資格一覧表」(http://www.immi-moj.go.jp/tetuduki/kanri/qaq5.html)をご参照ください。

SECTION 10

在留資格「技能実習」の期間と監理団体

前述しましたように、技能実習は国際協力の目的で創設された在留資格です。技能実習生は、外国人労働者の約20％を占めており、増加傾向にあります。以前は、中国からの技能実習生が多かったのですが、最近ではベトナムからの実習生が増えています。

技能実習の期間は最長5年とされ、技能などの習得は、技能実習計画に基づいて行われています。技能実習の区分は、3つに分かれています。

❶入国1年目で技能などを習得する「第一号技能実習」
❷入国2年目、3年目で技能などに習熟する「第二号技能実習」
❸入国4年、5年目で技能などに熟達する「第三号技能実習」

第二号技能実習から第三号技能実習に移行する場合は、実習生は、一旦帰国しなければならない制度になっています。また、技能実習の審査基準については、公益財団法人国際人材協力機構（ＪＩＴＣＯ）や厚生労働省のホームページに掲載されていますので、事前に確認しましょう。

技能実習生は、どのようなルートで採用されるのでしょうか。技能実習生は、ハローワークを通して直接採用できません。そこで、技能実習生の受け入れ方式は、「企業単独型」もしくは、「団体監理型」の2種類あります。「企業単独型」と「団体監理型」の違いについて公益財団法人国際人材協力機構（ＪＩＴＣＯ）のホームページから引用して説明します。

❶企業単独型とは、日本の企業など（実習実施者）が海外の現地法人、合弁企業や取引先企業の職員を受け入れて技能実習をする方式のことです。

❷団体監理型とは、事業協同組合や商工会などの営利を目的としない団体（監理団体）が技能実習生を受け入れ、傘下の企業など（実習実施者）で技能実習をする方式のことです。

２０１８年末では企業単独型の受け入れが２・８%、団体監理型の受け入れが97・２%であり、ほとんど団体監理団体を通して受け入れをしています。そこで、監理団体に対して監理費として、一人当たり月２万５０００円から５万円を支払っています。加えて、実習生の面接時の出張費や渡航費なども必要になります。

SECTION 11

2019年新設の在留資格「特定技能」制度

深刻化する人手不足に対応するため、人材確保のため特定産業分野において一定の専門性や技能を持つ外国人を受け入れるため2019年に創設されました。特定技能には、特定技能1号と特定技能2号の2種類があり、外国人には、在留が認められている特定分野や業務区分が記載されている「指定書」が原則として旅券に添付され交付されます。そこで、「特定技能1号」や「特定技能2号」について説明しましょう。

特定技能1号

14種類の特定産業分野において相当程度の知識または経験を必要とする技能を要する業務に従事する者であり、通算で5年を限度としています。技能水準や日本語能力水準において試験などで確認していますが、技能実習2号を修了した者については免除されています。このことから、技能実習から特定技能に移行する者が多くなるでしょう。また、基本的には家族の帯同は認められていません。また、受け入れ企業や登録支援機関による支援の対象になっています。

登録支援機関とは、特定技能において支援計画の作成補助や外国人の実際の支援について補助する機関のことを指します。法務局ホームページの「登録支援機関登録簿」で確認することができます。登録支援機関は技能実習制度を実施している監理団体や行政書士、社会保険労務士の事務所、人材派遣会社が母体になっているケースが多いです。

特定技能2号

特定産業分野に属する熟練した技能を要する業務に従事する者です。要件を満たせば、配偶者や子供の帯同が認められます。対象業種は、2019年4月現在、建設、造船・舶用工業のみが対象になっています。

特定技能については、まだ導入事例も少ないことから、「どこに問い合わせてよいのかわからない」と尋ねられますので、14の特定産業分野・業務に関する問い合わせ先については、次の通りです。

◆14の特定産業分野・業務に関する問い合わせ先

	特定産業分類	分野所管 行政機関	担当部署	連絡先　（　）内は内線
1	介護	厚生労働省	社会・援護局福祉人材確保対策室	03-5253-1111(2125,3146)
2	ビルクリーニング		医薬・生活衛生局生活衛生課	03-5253-1111(2432)
3	素形材産業	経済産業省	製造産業局素形材産業室	03-3501-1063
4	産業機械製造業		製造産業局産業機械課	03-3501-1691
5	電気・電子情報関連産業		商務情報政策局情報産業課	03-3501-6944
	（製造３分野全体）		製造産業局総務課	03-3501-1689
6	建設	国土交通省	土地・建設産業局建設市場整備課	03-5253-8283
7	造船・舶用工業		海事局船舶産業課	03-5253-8634
8	自動車整備		自動車局	03-5253-8111(42426,42414)
9	航空		航空局 ①航空ネットワーク部航空ネットワーク企画課 （空港グランドハンドリング関係） ②安全部運航安全課乗員政策室 （航空機整備関係）	①03-5253-8111(49114) ②03-5253-8111(50137)
10	宿泊		観光庁観光産業課観光人材政策室	03-5253-8367
11	農業	農林水産省	経営局就農・女性課	03-6744-2162
12	漁業		水産省企画課漁業労働班	03-6744-2340
13	飲食料品製造業		食料産業局食品製造課	03-6744-7180
14	外食業		食料産業局食文化・市場開拓課	03-6744-7177

※厚生労働省大阪労働局職業安定部職業対策課ハローワーク「外国人雇用Q&A」より

入管審査の3つのポイント

入管法における許可要件は、「①在留資格該当性」、「②基準適合性」、「③相当性」のすべてを満たすことが必要です。

❶「在留資格該当性」とは？

外国人が日本において行おうとする活動が、入管法が定める「在留資格」に該当する資格が定められているか否かを確認し、合致しなければならないということです。例えば、レストランで調理師として働く場合、在留資格の「技能」で働いているような場合がこれに該当します。

特に、申請人の経歴、受入企業の与信（経営安定性）も考慮され、派遣会社の場合は派遣元も含みますので、留意してください。

❷「基準適合性」とは？

外国人の学歴・職歴や企業が提示する労働条件が、入管法が定める基準に合致しているか否かを確認しなければなりません。例えば、調理師としての在留資格を申請するにあたり、「当該技能について10年以上の実務経験を有する者」という基準があります。仮に、5年しか調理師として経験ない者の場合は、該当しないという場合がこれに該当します。

❸「相当性」とは?

外国人が在留することが適当と認めるに足りうる相当の理由があるか否かということです。入管の審査は、地方出入国在留管理局で行われるため、地方出入国在留管理局に審査の進め方・スピードで多少の差異があるのが現実です。また、申請時期、方針など様々な要因によっても大きく変わり、最も裁量のある審査機関でありますので、以前通ったからと言って今回通るとは限りません。

特に留学、技能・人文知識・国際業務、特定活動への変更は近年非常に厳格化されてきており、初来日後の納税課税証明、源泉徴収などを全て提出し資格外活動違反が一切ないことを立証しないと許可されなくなってきています。

また、技能実習として認定申請する際、ほぼ経歴が書き換えられているようなケースもあり、技能実習満了帰国後、留学や特定技能で再来日する際に、以前提出した書類と経歴の整合性が取れないと、信憑性なしとの理由で許可されないケースが多発しています。

在留カードを確認する

外国人を雇用する場合、旅券及び在留カードの確認は必須です。そこで、特に重要な在留カードの確認事項について見てみましょう。

❶「就労制限の有無」を確認する

就労が認められない場合は、「就労不可」と記載されており、就労が認められている場合は、「在留資格に基づく就労活動のみ可」、「指定書により指定された就労活動のみ可」、「就労制限なし」と記載されています。

❷「資格外活動許可欄」を確認する

資格外活動許可を得ている場合は、許可の種類により、「許可（原則週28時間以内・風俗営業などの従事を除く）」または「許可（資格外活動許可書に記載された範囲内の活動）」と記載されます。この資格外活動許可の有無は、在留カードの裏面をご確認ください。

❸「在留資格」を確認する

33種類の在留資格のうちどれに該当するのか確認してください。

❹「在留期間」を確認する

日本国内に在留することのできる許可期限を記しています。万が一、この期限を超えて引き続き在留している場合は、不法残留となります。ただし、裏面の「在留期間更新等許可申請欄」に在留期間更新等許可申請中の場合がありますので、確認が必要です。

❺カードの有効性を確認する

在留カードは、英字2桁、数字8桁、英字2桁で表記されています。カードの有効性について調べる方法としては、出入国在留管理庁のホームページの在留カード等番号失効情報照会で確認をしましょう。

❻その他を確認する

●「氏名」

原則としてアルファベットによる表記になります。ただし、漢字と併記を希望される場合は漢字とアルファベットで表記されます。なお、通称名は表記されません。

●「生年月日」

労働基準法では、年齢により就業制限があります。満15歳に達した日以後の最初の3月31日が終了しない児童を原則として労働者として使用してはいけません。また、満18歳未満の年少者を使用する場合には、その者の年齢を証明する証明書(年齢証明書)を事業場に備え付けなければならず、非常災害の場合を除き、原則として深夜業をさせてはいけません。但し、交替制によって使用する満16歳以上の男性については可能です。工場などで働く場合、18歳に満たない年少者に対しては、危険有害業務の就業制限がありますので、ご留意ください。

● 「住居地」

主たる住所が表記されます。住所が変更した場合は、変更後の住所がカードの裏面の「住居地記載欄」に新住所が記載されます。

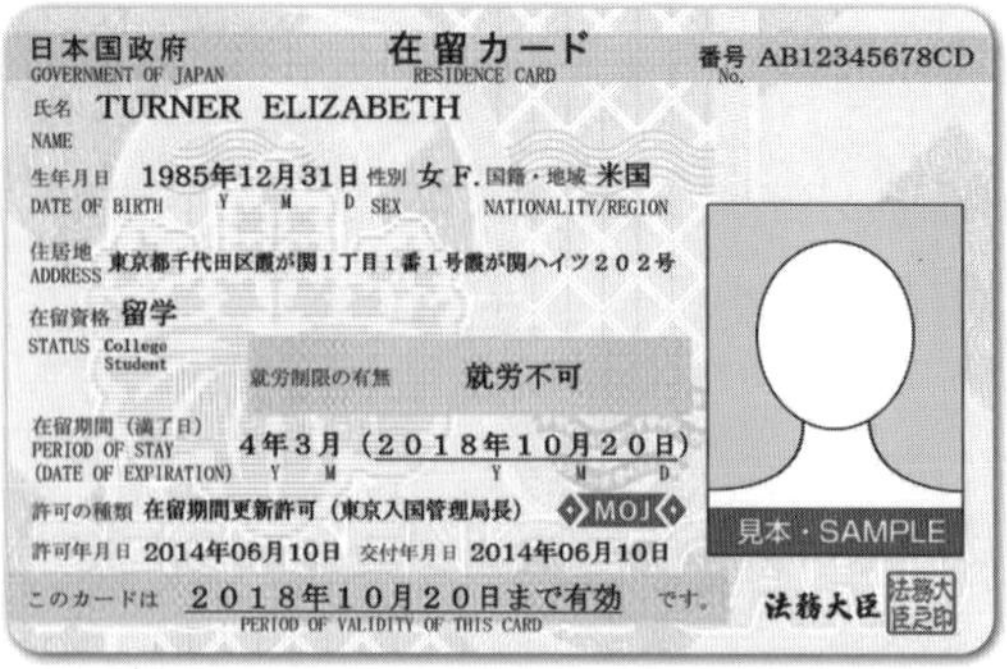

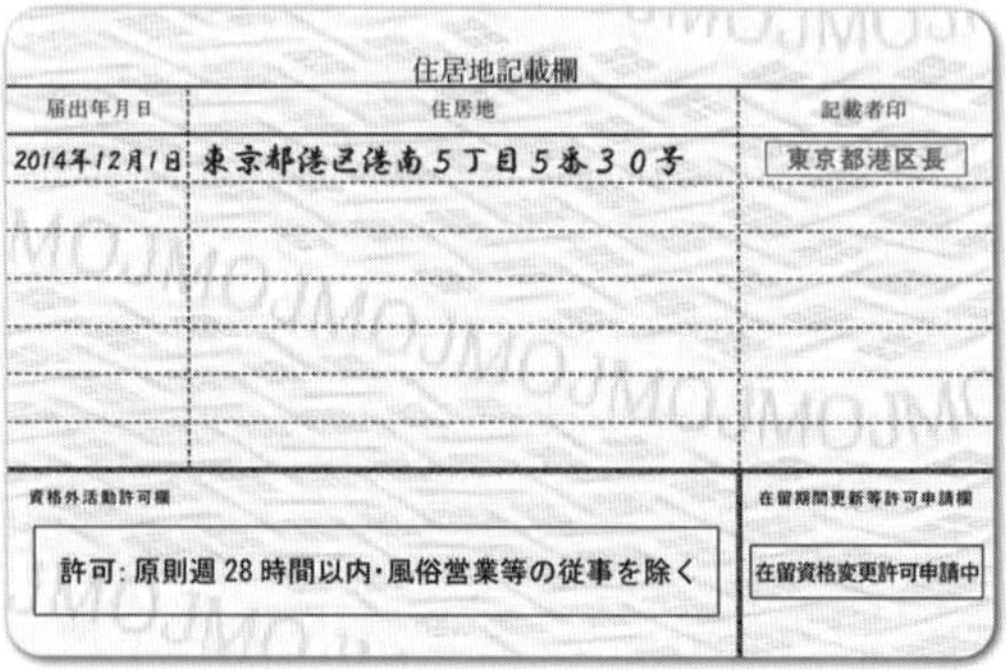

SECTION 14

入管法に違反すると、どうなるのか？

適切な在留資格を取得していない外国人を働かせたり、確認を怠ったりなどしますと、入管法違反ということで罰せられます。例えば、次のような3つの罰則があります。

❶不法就労助長罪

不法就労を手助けする場合と正規の在留資格は持ちつつも資格活動外の就労活動をする場合が該当します。この罪は両罰規定なので、違反者はもちろん、法人や事業主に3年以下の懲役または300万円の罰金に処しこれを併科します。不法就労には、不法滞在者が働く場合以外に、就労資格がないのに働くケースや出入国在留管理局から認められた範囲を超えて働く場合も含まれますので、ご留意ください。

また、企業や事業所において、在留カードなどにより資格の確認を怠っていた時にも、処罰を免れることができません。知らなかったでは済まされないので、徹底した在留資格の確認をしましょう。

❷在留資格等不正取得罪

虚偽申請をしたり、その他不正な手段で在留資格の認定を受けたり、資格の更新を受けた者に対して、3年以下の懲役もしくは禁錮もしくは300万円以下の罰金に処し、またはこれらを併科します。

虚偽申請をしますと、申請者である本人だけでなく、申請取次ぎをする者や事業主、その他在留資格に違法にアドバイスをした者にも罰則が及びますので、不適切なアドバイスをすることはしてはいけません。

❸営利目的在留資格等不正取得助長罪

営利目的で不法入国や虚偽の申告などで在留資格の更新を容易にした者に対しての罰則であり、3年以下の懲役もしくは300万円以下の罰金に処し、またはこれを併科します。例えば、実施には清掃業務などの単純作業に従事するにも関わらずに通訳に従事するという申請書を作成する場合が該当します。

結論として、企業や事業所では次の3つのことに留意してください。

1つ目は、在留資格をきちんと確認をすること、2つ目は、適切な申請を行うこと、3つ目は、万が一のためのリスクマネジメントとして、就業規則にて「不法就労や資格喪失になってしまう場合は自動退職になる」などの記載をすることをお勧めします。

なぜならば、不法在留が発覚し、強制退去になった場合に、このような規定がないと、退職手続きをとることができず、社会保険の喪失手続きをすることができずに社会保険料の事業主部分を負担しなければなりません。きちんと就業規則を整備して、採用時に説明しましょう。

SECTION 15

在留資格について誰に相談するのか？

在留資格は、とても専門的でわかりにくいものです。原則としては、出入国在留管理局に問い合わせてください。しかしながら、ある程度の専門知識がないと、質問することすらわからない場合があります。そこで、相談できる窓口を順に見ていきましょう。

外国人人材受入サポートセンター

外国人に関する専門的知識を持つ行政書士がセンターにおり、外国人材の受け入れに関する相談をすることができます。安心して無料で相談することができます。

専門家

在留資格の専門家として弁護士と行政書士がいます。弁護士の場合は、外国人・在留資格の法律相談に詳しい方を探します。また、行政書士の場合は、申請取次行政書士を探します。申請取次行政書士とは、行政書士の資格を取得したうえで、出入国管理に関する一定の研修を受け試験に合格した者を指します。

この資格を取得し、外国人の出入国管理に関する業務を豊富に経験している行政書士に相談するのが一番良いです。ホームページやブログなどで情報発信を行い、相談会を開いている場合がありますので、参考にすると良いでしょう。

監理団体や登録支援機関

技能実習の場合は、監理団体に尋ねてみましょう。また、特定技能の場合は、登録支援機関に相談することも有効でしょう。

第3章 外国人労働者を採用する方法

Complete Manual for Employing Foreign Workers

SECTION 16

採用する前に知っておくべきこと

外国人労働者を採用する前に、まずは要員計画を作ることから始めます。大手企業では要員計画を立てていますが、中小企業となりますと作っていない企業が多く、スタートから人材の配置がうまくいかないケースが出てきます。「増員したはずなのに、この時間帯に働いてくれる方がいない」ということが日常茶飯事なのです。

日本人労働者だけでも起こりうることですが、外国人労働者の場合は、第2章で説明した在留資格などの制約が入りますので、更に注意しなければなりません。押さえるべきポイントとして、3つあります。

そのポイントの1つは、外国人労働者の働く時の価値観にあります。日本人は、協調性がありますが、外国人の場合は、個人の特性にもよりますが、自分の都合や家庭の事情を優先する傾向にあります。また、仕事の内容を明確にしておかなければ、「この仕事は私の仕事ではありません」などと言われてしまいます。相手の価値観を知り、きちんと仕事の内容を伝え、社内のルールや働く時の心構えを教えましょう。

2つ目のポイントは、休暇に関する考え方が違います。例えば、欧米では、2週間以上の長期休暇は当たり前ですし、中国では、日本の正月とは時期が異なります。複数名の同じ国籍の外国人労働者を雇った場合、一斉に帰国してしまうケースがあります。

3つ目のポイントは、文化や風習の違いです。宗教により、祈りの時間は絶対であり、祈りの時間と接客が同時刻にある場合、突然、祈り部屋に行ってしまうというケースがあります。つまり、シフト管理を外国の文化や風習を理解したうえで、行わなければなりません。

つまり、外国人労働者を受け入れる前に、自社の現状を把握し、どの部分のお仕事を外国人労働者に担ってもらうのかを考慮にいれて要員計画を立てましょう。

SECTION 17

自社で求める人材像を明確化する

日本人労働者を採用する場合、自社で求める人物像を明らかにしてから採用活動を始めます。これは、外国人の場合も同じで、求める人物像を明確にしなければなりません。

特に、外国人労働者の場合は、活動に制限のない在留資格以外の在留資格で活動する外国人は、特定された仕事内容に限られますので、何の仕事をしてもらうのかを決めましょう。併せて留学生の場合は、1週間に働くことができる時間は28時間以内なので、時間管理を念頭に入れておきましょう。

その後に「能力・スキル・経験」、「人物・マインド」、「その他の労働条件」などを一覧にしていき、優先順位をつけてください。例えば、コミュニケーション能力があり、英語の語学力がネイティブレベルであり、3年ほど留学経験があり、責任感があり、チャレンジ精神があり、フルタイムで働いてくれる方など具体的にあげていくと良いでしょう。

こうやって書き出すことにより、「在留資格の仕事内容とあっているのか」や「自社のどの部署で働いてもらうのか」など具体的にイメージができます。

このように自社で求める人物像を描くことができれば、企業にとっては、短期的な人員不足や欠員補充という側面だけではなく、中長期的な企業の目的に合致するように外国人労働者の人材配置、育成計画を立てることができ、人材の確保がしやすくなるでしょう。

SECTION 18

外国人労働者の募集方法を知る

初めて外国人労働者を採用したいと考えても、一体どのようにしたらよいのかわからない方も多いのではないでしょうか。そこで、募集方法の概要について紹介しましょう。

公的な機関

ハローワークや、外国人雇用に特化した外国人雇用サービスセンターがあります。外国人雇用サービスセンターは、全国で東京、名古屋、大阪、福岡の4か所あります。また、自治体の中には、留学生支援センターがありますので、確認してください。

学校の学生課やキャリアセンター

専門学校の学生課や大学のキャリアセンターは、学生のキャリアカウンセリングや就職支援を行っています。また、学内に留学生支援を行っている場合があります。

知人の紹介

外国人労働者同士のコミュニティがあり、横のつながりが強いので、企業の評判が良ければ、紹介してくれます。また、国際協会や国際センターでは、職業をあっせんすることはできませんが、留学生との交流会などが行われていますので、留学生との接点を作ることができます。

自社のホームページ・SNS

自社の魅力を発信する方法として、ホームページやSNSがあります。ホームページには、「採用」の項目を設け、最新の求人情報を提示してエントリーできるようにしましょう。また、外国語表記や動画のあるホームページも有効でしょう。最近では、フェイスブックやラインなどのSNSで求人を意識して企業の魅力を発信しています。

求人広告などの紙媒体

求人広告などの紙媒体は、新聞の折り込みチラシやリーフレット形式のものなど様々です。用途に合わせて使い分けることが必要でしょう。

WEB媒体

ＷＥＢ媒体の求人は、業界特化型や大手求人サイトなどがあります。また、世界最大の求人サイトのindeedの活用する方法もあります。

監理団体などを活用

在留資格の「技能実習」は、監理団体を通さないといけません。監理団体は、「○○事業協同組合」と呼ばれている場合が多いです。また、在留資格「特定技能」の場合は、登録支援機関を通す場合が多いでしょう。監理団体などについては後ほど紹介します。

公益社団法人国際厚生事業団(JICWELS)を活用

経済連携協定（ＥＰＡ）に基づくインドネシア、フィリピン及びベトナムからの看護師、介護福祉士候補者の受け入れ及び支援を行っている団体です。ＥＰＡ看護師・介護福祉士候補者求人登録申請専用ウェブサイトよりオンラインで登録した後、所定の様式と必要書類を公益社団法人国際厚生事業団まで郵送します。また、求人申込手数料が必要になります。

派遣会社や有料職業紹介からの紹介

派遣会社や有料職業紹介を活用する方法があります。ただし、派遣会社からの紹介や有料職業紹介は、一般的には

※公益社団法人国際厚生事業団（JICWELS）

費用が高くつきます。その理由として2020年4月から同一労働同一賃金の法改正により、職種や地域により異なりますが、派遣労働者の時給が10~15%アップしているところが多いからです。また、有料職業紹介は、採用コストは、採用者の年収の2割から3割が紹介手数料として必要となるからです。

SECTION 19

効果的な公的機関の活用法

先ほど色々な外国人労働者の募集方法を書きましたが、公的な機関を活用した採用方法は無料です。最も効果的に活用したいのは、ハローワークです。

外国人労働者を採用する時になぜハローワークなのかと思われるかもしれません。それでもまずは、最寄りのハローワークに行き、相談してみることから始めましょう。

もし、初めてハローワークを活用される場合は、ハローワークにて事業所登録をしてから、求人票という順序で進めます。求人票に「外国人歓迎」、「留学生可」、「外国人応募可」など直接的な表記はできませんので、書き方に工夫が必要でしょう。

求人票の項目の中で、「必要な経験等」、「仕事内容」、「必要な免許」、「求人に関する特記事項」の項目で次のように記載することは可能です。

「必要な経験等」の欄の記載例

- 日常英会話能力
- 英会話。中国語できれば尚良し。
- 英語を母国語または公用語とする方で日本語能力試験N2以上

「仕事内容」の欄の記載例

- 英語・日本語がビジネスレベル必要です。
- 英語・中国語スキル歓迎
- ネイティブクラスの語学力が必要

「必要な免許」の欄の記載例

- 日本語能力試験N2以上、英語での会話ができれば尚可
- 日本語検定N1、英語ビジネスレベル他言語ビジネスレベル

「求人に関する特記事項」の欄の記載例

●《優遇するスキル》英語または中国語（日常会話レベル）できる方歓迎！
※日本語が母語でない方は、N1が必要となります。
●現在、中国人スタッフ在籍中！
●留学生採用実績あります！

つまり、現状の表記や語学レベルを記載すると良いでしょう。ちなみに、日本語能力試験におけるレベルは、N1、N2、N3、N4、N5の5つのレベルがあり、一番やさしいレベルがN5で、一番難しいレベルがN1という構成になっています。実際のハローワークの求人を拝見しますと、留学生向けの語学スキルを求められる求人が多いことがわかります。

加えて、外国人雇用サービスセンターに訪問して、自社に必要な人材についてお話することも良いでしょう。一方、全国で東京、名古屋、大阪、福岡の4か所しかありませんので、遠方の場合はなかなか行くことができません。その場合は、ハローワークにて自社の求人票を出していることを伝えてみましょう。なぜならば、外国人雇用サービスセンターは、求人票をエントリーすることはできませんが、留学生をはじめ沢山の外国人が求職活動をされており、職員の方は、外国人のために仕事をマッチングすることが望まれているからです。

このようなことから、ハローワークと外国人雇用サービスセンターをうまく連携させて自社の求人票を知ってもらう取り組みを行うと良いでしょう。外国人雇用センターは、面接会や初めて外国人労働者を雇う事業者に対する説明会なども行っていますので、うまく活用してみましょう。

SECTION 20

ハローワークシステムを利用して自社の魅力を発信する

２０２０年1月6日に、ハローワークのシステムとハローワークインターネットサービスが新しくなりました。２０２０年版ハローワークシステムを順に見ていきましょう。

新しい求人票で、より詳細な情報を求職者に対して提供

新しい求人票は、従来の求人票に比べて、「代表者役職名」、「就業場所における受動喫煙対策の有無」、「昇給・賞与制度の有無」、「36協定における特別条項の有無」、「正社員登用の有無、実績」、「契約更新の条件」などが新たに登録する項目となりました。特に、「就業場所における受動喫煙対策の有無」については、健康増進法における受動喫煙防止対策が２０２０年4月より全面施行したためです。また、「36協定における特別条項の有無」についても、働き方改革に伴う法改正による影響だと推測されます。

また、新設する情報や登録方法が変わる項目は、「事業所PR情報、事業所からのメッセージ」、「必要なPCスキル」、「地図登録方法の変更（地図ソフト使用）」、「障害者雇用に関する項目」、「外国人雇用実績の有無」などです。

ここで注目する点は、「事業所PR情報、事業所からのメッセージ」で事業所の魅力を発信できるということです。事業所からのメッセージついては、最大600文字活用できます。また、画像登録は10枚まで可能ですので、文字だけでなく写真などを有効に使うことができるでしょう。例えば、実際に活躍している外国人労働者の写真を載せることができます。

新サービス「求人者マイページ」で、パソコンから求人の申し込み可能

新サービスとして「ハローワークインターネットサービス」上に「求人者マイページ」ができました。そこで、自社のパソコンから求人の申し込みをすることができます。初めて事業所がハローワークの求人を申し込まれ、「求職者マイページ」を開設する際には、2つの方法があります。

1つ目は、自社のパソコンから「ハローワークインターネットサービス」上

で、「求人者マイページ」を開設し、事業所情報や求人情報を仮登録後に管轄のハローワークに出向き、申込み手続きを行います。

2つ目は、ハローワーク内に設置された登録用端末で、事業所情報や求人情報を仮登録後に、窓口で申込み手続きを行います。

どちらの方法でも構いませんが、後者の方法でしたらハローワークの職員の方が丁寧に教えてくれます。ハローワークに訪問する前に、事前に自社の事業内容を書き出しておくと良いでしょう。

最後に、求人情報や事業所名な

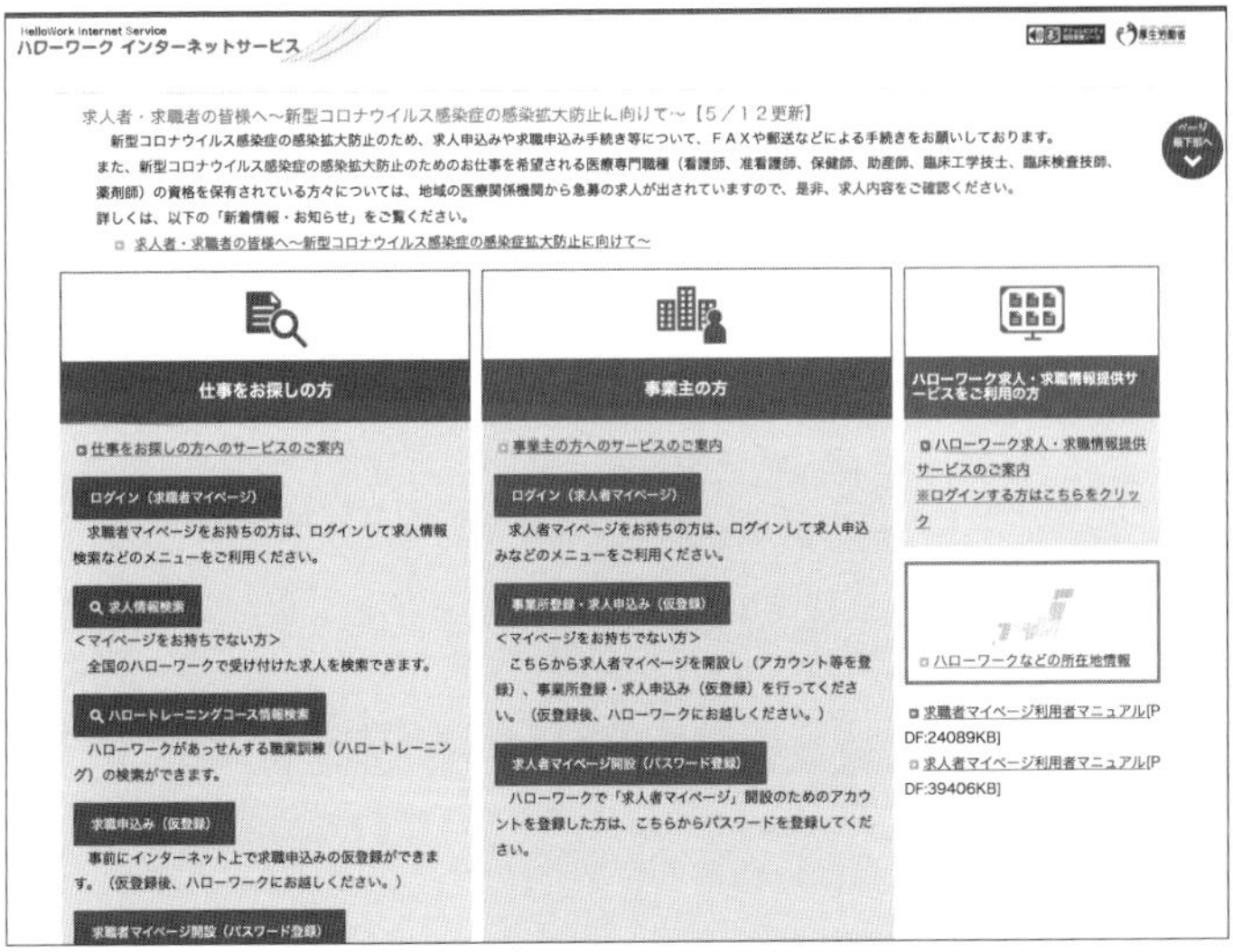

※ハローワークインターネットサービス

どの公開範囲ですが、公開にしますと「求職者以外から問い合わせや営業電話がかかってくるので嫌だ」という事業所がありますが、私は公開範囲を「すべての求職者に、事業所名等を含む求人情報を公開する」にされ、より多くの人々に求人票を見てもらうスタンスが良いと考えています。なぜならば、問い合わせがくるデメリットより、ゼロ円で採用できる可能性が高いメリットのほうが断然大きいからです。

自社のホームページなどに動画を入れる

自社の魅力を発信する１つの方法としてホームページやＳＮＳに動画を入れてみましょう。最近では、簡単に動画をアップすることができます。

４つのステップで動画を作成してみましょう。

- ステップ①……シナリオを考える
- ステップ②……撮影する
- ステップ③……撮影したものを編集する
- ステップ④……動画のアップロードやＳＮＳ投稿する

特に、ステップ①の「シナリオを考える」が大切です。そのためには、企業の良いところを書き出し、発信できる魅力はないか社内で考えていきます。また、その素材を使ってシナリオ作りをします。「メッセージ型」、「仕事力アピール型」、「理念伝承型」の3つのパターンから選んでいくと作りやすいです。

❶メッセージ型

社長のメッセージや社員へのインタビューをします。社長のメッセージや社員へのインタビューする時の質問紙を用意してシナリオ作りをします。

❷仕事力アピール型

企業や働いている人の技術力をアピールします。例えば、ある鉄工所では、その鉄工所ならではの技術として、溶解炉の動画を作っていました。迫力がある動画で言葉では表現できないインパクトのあるものでした。

❸理念伝承型

創業からの理念やこれまでの企業の実績などを伝えます。例えば、ある建設業では、「ものづくり」の素晴らしさを伝えていました。これから一緒に働いてもらう外国人労働者に対して理念を共有できます。

このようにシナリオが決まれば撮影に入りますが、スマホなどでも可能です。できるだけ明るいところで撮影し、個人を撮影する時は同意を得ましょう。その後、ホームページに動画を入れ、ＳＮＳで投稿してみましょう。

SECTION 22

人材派遣会社・人材紹介会社の選び方と注意点

従来から国内で活動の制限のない在留資格である定住者などは、人材派遣会社を介して集団で工場に出勤していました。また、最近では人材紹介会社を介して就職されるケースもあります。そこでは、事業者としては、どの人材派遣会社や人材紹介会社を選べば良いのか迷ってしまいます。

そこで、人材派遣会社（労働者派遣事業）や人材紹介会社（有料職業紹介事業）の選び方について見ていきましょう。

まずは、労働者派遣事業や有料職業紹介事業を利用する時は、厚生労働大臣の許可を得ている事業者であるかどうかを確認することが必要です。厚生労働省の「人材サービス総合サイト」が運営をしていますので、こちらで確認しましょう。

また、労働者派遣事業において優良派遣事業者認定制度があり、一定の基準を満たした事業者に対して認定マークが授与されます。ホームページでも検索できますので、選定される際の参考になるでしょう。そして、労働者派遣事業と有料職業紹介事業について考えていきましょう。

労働者派遣事業

労働者派遣事業とは、派遣元事業主が自社の雇用する労働者を、派遣先の指揮命令を受けて、派遣先のために労働に従事させることを業として行うことを言います。ただし、派遣先は事前に派遣労働者を特定することはできず、派遣元はそれに協力できないことから、外国人であることを理由に拒むことや外国人だけを希望することも許されません。

また、労働者派遣ができない業種は、港湾運送業務、建設業務、警備業務、病院などにおける医療関係の業務（紹介予定派遣や社会福祉施設での業務を除く）や弁護士や社会保険労務士などのいわゆる「士」業務です。すべての業種でできるわけではありません。

更には、派遣を装っている請負、いわゆる「偽装請負」も適切ではありませんので、ご注意ください。

🌐有料職業紹介事業

有料職業事業とは、求人及び求職の申し込みを受け、求人をしている会社と求職者との間における雇用関係の成立をあっせんする事業を行い、手数料もしくは報酬を得て行う職業紹介事業を言います。一般的には、転職エージェントと呼ばれています。

ここでも、派遣同様に外国人であることを理由にエントリーをしないとか、外国人のみを希望することはできません。有料職業紹介事業を活用する事業者は、外国人には、ビジネスをする上で会話のスキルを求めることが多いので、その場合は、英語や他言語のレベルがどの程度の能力や資格を持っているのかを確認をしておくと良いでしょう。

また、有料職業紹介事業を行うことができない職業は、港湾運送業務に就く職業や建設業務に就く職業となっておりますので、ご注意ください。

SECTION 23

技能実習生の受け入れにおける監理団体の選び方と注意点

前述しましたが、技能実習生を受け入れようと思えば、企業単独型以外の場合は、監理団体を探すところから始まります。

では、監理団体をどのように探せばよいのでしょうか。監理団体のことがわからないときは、外国人材受入サポートセンター内で監理団体の情報交換会などに参加すると良いでしょう。また、一部の自治体では、行政が適切な機関を紹介するなどの取り組みを行っていることがありますので、自治体に問い合わせてみましょう。

自社で調べる時は、実績のある監理団体なのかどうか、サポート内容は充実しているかどうか、監理料はいくらなのかを確認しましょう。監理団体の仕事として、監理（定期監査及び臨時監査）、訪問指導、相談対応、外部監査があります。特に、3か月に1回以上の定期監査を実施することが義務づけられており重要です。賃金台帳やタイムカードなどの確認を適正に行っていることが必須です。ちなみに、監理料は一人当たり、月に2万5000円から5万円ぐらいが相場になっています。

複数の監理団体の見積もりを取り、内容と費用を確認した上で、地域性なども考慮して連絡の取りやすい監理団体を選びましょう。

SECTION 24

特定技能における登録支援機関の選び方と注意点

「特定技能1号」の在留資格で外国人労働者を雇う事業者は、支援計画を作成し、作成した計画に基づいて外国人の日本での生活の支援をしなければなりません。この支援は、自社でもできますが、支援計画の作成や外国人サポートが煩雑なため第三者に委託することが多いでしょう。この委託できる機関として出入国在留管理庁の登録を受けた個人または団体のことを「登録支援機関」と言います。

法務省のホームページに「登録支援機関登録簿」が掲載されています。ちなみに、

法務省
MINISTRY OF JUSTICE
本文へ　文字の大きさ　標準　拡大　色変更・音声読み上げ・ルビ振り
相談窓口　サイトマップ　ENGLISH　検索
会見・報道・お知らせ　法務省の概要　試験・資格・採用　政策・審議会等　申請・手続・相談窓口　白書・統計・資料

登録支援機関(Registered Support Organization)

登録支援機関登録簿

登録支援機関登録簿を掲載します（随時更新）。

2020年6月26日現在
4，664件登録

※以下の登録支援機関登録簿には，登録後に抹消された機関は掲載されていません。

登録支援機関登録簿 [EXCEL: 1577KB]

登録支援機関登録簿（英語版）(List of Registered Support Organization)

登録支援機関登録簿（英語版）を掲載します。
List of Registered Support Organization

※2020年4月末版を掲載しました。(As of the end of April 2020 is updated)
※The deleted organizations after registered as Registered Support Organization will not be uploaded on the following list

List of Registered Support Organization [EXCEL: 1021KB]

Excel 形式のファイルをご覧いただく場合には，Microsoft Office Excel Viewerが必要です。
Microsoft Office Excel Viewerをお持ちでない方は，こちらからダウンロードしてください。
リンク先のサイトはMicrosoft社が運営しています。
Microsoft Office Excel Viewer のダウンロード

※法務省「登録支援機関登録簿」(2020年6月26日現在)

2020年6月26日時点で4664件登録されています。この登録簿にて、支援を行う機関の名称・連絡先、支援業務の内容及びその実施法、対応可能言語が掲載されています。登録支援機関は大きく分けると3つに分類されます。

1つ目は、技能実習制度を実施している監理団体が母体となっており、「○○事業協同組合」などと呼ばれている団体です。この場合は、技能実習の経験が豊富な経験を持っている場合は、送り出し機関とのパイプがあるところがメリットだと言えるでしょう。

また、行政書士や社会保険労務士の事務所が母体になっている場合は、行政書士であれば、在留資格などの知識が豊富であり、社会保険労務士であれば、労働や社会保険の知識が優れており、コンプライアンス面を重視する面では良いでしょう。最後の人材派遣会社が母体になっている場合は、人材のマネジメントのノウハウがあることが強みです。

このような特性を考慮して複数社の見積もりを取ったり、担当者と話したりして決めると良いでしょう。

SECTION 25

技能実習生の面接

技能実習生の受け入れをするためには、監理団体を見つけることから始まることは前述した通りです。その後、現地へ求人を出し、現地面接・採用決定を行います。

現地へ求人

監理団体は、受け入れ企業が希望する人材を集めるように募集要項を作成し、現地の送り出し機関へ求人を依頼します。

現地面接・採用決定

求人から約1か月後に、現地で面接試験を行います。受け入れ企業の方にも現地に出向いてもらい、面接に参加をしてもらいましょう。

現地の試験は、筆記試験、体力試験や実技試験の他必要に応じた試験を行っています。例えば、日本企業での仕事が手先の器用さを求める仕事であれば、豆を箸でどれだけ早くつまめるかという試験を行います。つまり、企業ごとに自社で必要な能力やスキルを確認するために試験内容を工夫しています。

実際に受け入れ企業の人事担当者や監理団体の方にお話を伺いますと、特に面接で決めている質問はないようですが、次のようなことを聞いています。

- なぜ、日本で働きたいのか
- 残業が必ずあるわけではないが、大丈夫なのか
- 過去にどのような仕事をしていたのか
- 日本企業で行う作業を伝え、その作業をやったことがあるのか

「なぜ、日本で働きたいのか」という質問に対して、「子供の将来のためにお金を貯めたい」という女性の技能実習生がいました。彼女は、3歳の子供をもつ母親でしたが、「祖国で母が数年は子供の面倒をみてくれるので、1年くらい帰国しなくても大丈夫です」と返答されますので、日本の子育てに関する価

値観とはかなり違います。

また、日本の魅力を伝えることは大事ですが、良いことばかりではなく、技能実習生が希望してもできないことははっきりと伝えましょう。

SECTION 26

募集や面接の注意点

求人の募集を行う際に、賃金、労働時間その他の労働条件について、国籍を理由とした差別的な取扱いをしてはいけません。外国人のみを対象にする、逆に、外国人がエントリーできないというのは不適切です。応募者が能力やスキルに応じて適切に判断するとともに、在留資格の範囲内で能力が発揮できるように公正な選考方法を行いましょう。

また、留学生は、在留資格の変更許可を受ける必要がありますので、募集内容を適切に行うことができるように学部、専攻学科、語学力や必要な資格などについて、詳細に募集要項や求人票に記載しておくことが必要です。

面接については、日本人と同様に履歴書や職務経歴書を提出してもらい、どのような経験や能力があるのかを質問しましょう。また、就業条件や仕事内容については入社後にミスマッチングをなくすために詳しく説明しましょう。

SECTION 27

外国人を採用する時に使える助成金

外国人を採用するにあたり、助成金が支給されます。厚生労働省の助成金は、毎年度その内容が変更、廃止されることもありますので、厚生労働省のホームページを確認しましょう。なお、外国人労働者の場合は、在留資格により対象外の場合もありますので、必ず労働局や社会保険労務士に相談しましょう。

雇用調整助成金

休業、教育訓練や出向を通じて従業員の雇用を維持する助成金です。また、緊急時として新型コロナウイルス感染症により影響を受ける事業主を対象に、雇用調整助成金の特例措置が実施されています。

特定求職者雇用開発助成金（特定就職困難者コース）

高年齢者・障害者・母子家庭など就職困難者を雇い入れるための助成金です。

トライアル雇用助成金（一般トライアルコース）

常用雇用へ移行することを目的に、一定期間（原則3か月）試行雇用する時に支給される助成金です。

キャリアアップ助成金（正社員化コース）

有期契約労働者などを正規雇用労働者などに転換または直接雇用する場合に支給される助成金です。

人材確保等支援助成金（働き方改革支援コース）

働き方改革に取り組む上で、人材を確保することが必要な中小企業が、新たに労働者を雇い入れ、一定の雇用管理改善を図る場合に助成します。

このような助成金は、計画を提出してその通りに実施することが必要になります。また、原則として雇用保険に加入していることが条件になりますので、ご注意ください。

第4章 外国人労働者を雇うために必要な手続き

Complete Manual for Employing Foreign Workers

SECTION 28

社内で外国人労働者を雇うことを周知する

外国人を雇う前に大切なことは、社内で周知するということです。その目的は、社内の従業員を巻き込み、外国人の入社後の受け入れをスムーズに行うことにあります。経営者が長期的な視点で多角的に考え、外国人労働者を雇う決意をしたとしても、その理由を明確に伝えないと、社内で協力してもらえず外国人労働者の受け入れがうまくいきません。

まずは、外国人労働者の受け入れの目的を従業員に伝えましょう。例えば、グローバル化を進めるために外国人材が必須であるなどのしっかりした説明が必要です。経営者自らが宣言することで士気が高まるでしょう。

次に、外国の慣習、文化の違いがあることを社内に周知して協力してもらいましょう。例えば、食事を提供する場合は、宗教的な理由から食べ物や飲み物に禁忌事項があります。

休日についても自国の慣習による長期休暇や宗教的な側面からの配慮が必

要です。例えば、キリスト教の場合、教会への礼拝がある日曜日を、休日にするなどシフト表を調整しなければなりません。

また、従業員以外にもお知らせする必要がある場合があります。例えば、医療や介護の業界です。患者様やその家族様に外国人労働者を雇うことを伝え、今までと同じようにサービスを提供するということを伝え、安心してもらうことが大切でしょう。

このように周囲に外国人労働者の受け入れについて説明し理解してもらい、協力してもらうことが大切です。

SECTION 29

外国人労働者の受け入れ時のサポート体制を作る

外国人労働者を受け入れに伴い、人的なサポート体制と環境のサポート体制が必要です。

まずは、人的サポート体制づくりの一環として外国労働者をサポートするための組織的な役割を決めましょう。生活援助や職場指導あるいは、日本語指導などそれぞれの担当を決めましょう。特に、生活援助の担当者は、日常生活を行う買い物や公的な施設や官公署の手続きに同行し、日本の生活習慣を身に付けてもらう重要な役割を持つと同時に、外国人労働者の精神的な支えになります。社内でボランティアを募ることも有効でしょう。

次に、環境のサポート体制づくりとして、住居の選定と職場内の設備の整備をしましょう。寮がある場合は、キッチン、お風呂とトイレなど共同スペースの使用方法を説明しましょう。特に、お風呂やトイレの習慣がそれぞれの母国で異なる場合がありますので、丁寧に教えましょう。

寮が社内にない場合、賃貸マンション・アパートなどの借家を探さないといけません。住宅を探し、契約までの流れを確認し、必要な書類や費用などを準備しておきましょう。また、インターネット、携帯電話、水道、電気、ガスの手続きなども必要となります。会社がどこまで費用負担をするのかを事前に決めておきましょう。他にも家電、寝具、家具などの日用品は、職場で寄付を募ると、協力してもらえる場合もあります。

職場の設備の整備については、勉強部屋やお祈りの部屋を用意することをお勧めします。語学力を向上させることは環境が必要不可欠です。勉強部屋には、パソコン、プリンターや電子辞書を用意しましょう。また、イスラム教の場合は祈りの時間があり、マットなどを準備してあげると良いでしょう。

SECTION 30

社内整備①　キャリアマップを作る

キャリアマップとは、従業員に対してキャリアの道筋をわかりやすく示す地図です。社内でキャリアアップするために、どのようなルートをたどり、どのような方向に進んでいけば良いのかがわかります。キャリアマップを作れば、従業員が自身の将来像を描くことができ、結果として長く働いてくれます。

残念なことに、日本の中小企業の大部分ではキャリアマップを作っていません。「どうせ外国人労働者は、短期的な労働力だから」と思われるかもしれませんが、適切なキャリアマップを備え、周知している会社では、外国人労働者が沢山活躍をされています。特に、高度外国人材については自分のキャリア形成について真面目に考えていますので、将来のあるべき姿を示すことで働くモチベーションがアップします。

では、どのようにキャリマップを作るのでしょうか。次のステップから考えてみましょう。

●ステップ①　キャリアを分類する

例えば、「管理部門のキャリア」と「専門職のキャリア」に分けます。

●ステップ②　キャリアの階層を作る

仕事のレベルを設定しましょう。例えば、レベルを３段階に分けるのであれば、「レベル１」は入社から３年までの初級レベル、「レベル２」は４年目から６年までの中堅レベル、「レベル３」は７年目以降の高等レベルのように自社で設定しましょう。

●ステップ③　キャリアの項目と内容を考える

キャリアの項目を考える場合、「業務知識」や「コミュニケーション能力」などのように各項目を設定していきます。初めて作成する時は、厚生労働省のホームページの中に「職業能力評価基準の策定業種一覧」がありますので、こちらで同業種もしくは類似業種の部分を参考にして作ります。

●ステップ④　キャリアの基準を決める

キャリアの基準は、5つのレベルを設定します。例えば、「レベル1」は「補助をできる」、「レベル2」は「指導を受けながら実施できる」、「レベル3」は「一人で実施できる」、「レベル4」は「他の従業員の見本となる」、「レベル5」は「指導や教育ができる」で設定してください。

このような4つのステップでまずはキャリアマップを作り、少しずつ改善を図っていくことでキャリアマップの運用がうまくいきます。

SECTION 31

社内整備②業務の棚卸をする

中小企業では、業務を棚卸してマニュアル化していないことが多々あります。同じ業務を長年携わっている従業員の頭の中に業務内容が入っていて、ブラックボックス化しています。それでは、外国人労働者に業務を教え、引き継ぐことができません。まずは、社内整備として業務の棚卸をすることをお勧めします。その理由として大きく2つあります。

まず1つ目は、業務を棚卸することで、マニュアルができ、職場のノウハウが蓄積されます。業務の棚卸を行うプロセスにおいて、業務の種類、スキルなどを従業員が認識でき、どの業務を外国人労働者に任せるのかを決めることができます。

2つ目は、ジョブディスクリプションを作ることができます。ジョブディスクリプションとは、あまり聞きなれない言葉かもしれませんが、一言でいえば、「職務記述書」のことです。一般的に職務記述書には、職位名、業務内容、必要な経験とスキル、給与などが書かれています。外国人労働者を受け入れる場合は、業務の棚卸をし、ジョブディスクリプションを作成し、事前にその内容を説明しましょう。

外国人労働者にはニュアンスや言語が通じにくいので、雇入れする前にあらかじめ確認することで「こんな仕事知りません」、「この業務をしないといけないのでしょうか」となることを防ぎます。

このように業務の棚卸をすることで、外国人労働者のみならず、日本人労働者に対しても社内整備が進み、働きやすい環境を作ることができます。

SECTION 32

社内整備③ 福利厚生を充実する

福利厚生とは、簡単に言いますと、給与以外の従業員に対するサービスのことです。日本でも、新卒採用時は学生から福利厚生が重視される傾向があります。また、日本人だけでなく、外国人労働者も福利厚生が充実していると、働いてからの満足度がかなり違います。母国を離れて日本に就労している場合、おおむねホームシックにかかったり、行き詰まりを感じたりすることがあります。そんな時、福利厚生が大変喜ばれます。

外国人に喜ばれる福利厚生として、社員旅行、新入社員歓迎会や日本の文化を感じられるイベントは人気があります。例えば、花火大会、納涼祭や従業員宅のホームステイなど社内だけでなく従業員の家族や地域の方々との交流などがあります。浴衣を着て過ごす非日常を味わうことも気分転換になるでしょう。また、日本語検定や国家試験を受験するための費用負担や試験に合格すると給与がアップする制度もモチベーションを向上します。

多くの外国人労働者は、生活費を切り詰め、家族に送金し、来日する際の借金がありますので、自分のためにお金を使わずに過ごします。そんな彼らには、福利厚生とコミュニケーションで心の隙間を少しでも埋めてあげることができると思います。

SECTION 33

社内整備④
国・自治体の認証制度をうまく活用する

社内整備をしようと思ってもどこから手を付けてよいのかわからない、といった企業様も多いのではないでしょうか。そのような時は、様々な国や自治体の認証制度を活用しましょう。なぜならば、認定制度を取得する過程で職場環境が整い、自社の魅力的な部分を発信することができるからです。

具体的な国・自治体の認証制度をご紹介します。

国の認定制度

● くるみん・プラチナくるみん

「くるみん」とは、子育てサポート企業として、厚生労働大臣から認定されるものです。「プラチナくるみん」は、くるみんの認定を受けた企業の更に高水準の取り組みに対して認定されるものです。

●えるぼし

女性活躍推進法に基づき、職場の女性活躍推進に関する状況などが優良な企業に対して厚生労働大臣により認定されるものです。

●ユースエール

若者の採用や育成に積極的で適切な雇用体制の中小企業に対して厚生労働大臣が認定するものです。

●優良派遣事業者

派遣社員と派遣先に安心できるサービスを提供できているかどうかについて、一定の基準を満たした派遣事業者を厚生労働省から委託を受けた指定審査機関が審査し、認定するものです。

●職業紹介優良事業者

優れた職業紹介サービスの提供に取り組み、健全に運営をしている民営職業紹介事業所を厚生労働省が委託事業により認定するものです。

● 製造請負優良適正事業者

質の高い請負サービスを提供し、労働者に対して質の高い雇用機会を提供する請負事業主に対して厚生労働省が委託事業により審査・認定するものです。

● 安全衛生優良企業

労働者の安全や健康に積極的に取り組み、高い水準を満たしている企業に対して厚生労働省が認定されます。

自治体による認定制度

● 「ひょうご仕事と生活の調和」推進企業認定

「仕事と生活の調和」実現推進に取り組み、一定の成果を挙げた企業や団体に対して公益財団法人兵庫県勤労福祉協会ひょうご仕事と生活センターが認定するものです。

このような国の認定制度は、ハローワークの求人票の「事業所詳細情報」に掲載され、優良企業として認知されます。また、国や自治体の認定制度に取り組むことで、社内整備ができ、従業員の定着率アップや採用にとても効果的です。もちろん、外国人の人材確保にも有効と言えるでしょう。

社内整備⑤ 相談できる体制を整える

初めて来日した外国人労働者が、いち早く日本の習慣や言葉に慣れるように相談できるシステムを整えることが必要です。そこで、不安や悩みを解消するための体制作りについて紹介しましょう。

メンター制度を導入する

メンター制度とは、職場の上司とは別にメンター（助言者）を選び外国人労働者の指導や相談できる体制を示します。メンターは、外国人労働者が生活や仕事上で困っていることはないのか、本国の家族の心配事がないのかなど相手の立場に立って傾聴できる従業員を選任すると良いでしょう。

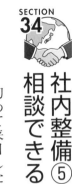

相談日を設定する

言葉の壁があり、相談したくても言葉がうまく伝わらないケースがあります。そこで、月に1回相談日を設定し、通訳などを介して相談できる仕組みを整えましょう。

🌐地域のコミュニティの情報提供する

日本でのプライベートが充実すれば、仕事にも集中できます。そこで、趣味を持ち、仲間など触れ合える場所を作ると良いでしょう。例えば、地域のボランティアを利用し、趣味のサークルなどの情報を提供しましょう。

SECTION 35

外国人労働者に対応した就業規則

常時10人以上の従業員を雇っている企業は、就業規則を作成し、所轄の労働基準監督署に届出なければなりません。外国人労働者にも、日本人労働者同様に就業規則が適用されます。

一方、外国人労働者を雇入れるにあたり、就業規則の「採用時の提出書類」と「退職」に盛り込むべきことがあります。順に説明しましょう。

採用時の提出書類

採用時の提出書類として、住民票記載事項証明書、資格証明書の写し（資格証明書を有する場合に限る）、年金手帳、雇用保険被保険者証、その他会社が指定するものがありますが、外国人労働者の特有の書類として、在留カードや旅券（パスポート）を追記しましょう。在留カードと旅券の確認は必要不可欠ですので、明記しましょう。

退職

「外国人労働者が、雇用契約満了の時や在留期間更新申請が不許可となったり、就労可能な在留資格を失った時などは、退職とする」との一文を入れると良いでしょう。適正な在留資格を有していない外国人労働者を雇うことは違法になりますので、退職事由に明記しましょう。

就業規則の多言語化

就業規則を明示していても言葉の違いから労務トラブルになることが考えられます。そこで、外国人特有の事情に配慮した就労環境の整備を行い、外国人労働者の職場の定着に取り組む事業主に対して、その経費の一部が助成される「人材確保等支援助成金（外国人労働者就労環境整備助成コース）」があります。就業規則を多言語化する際の通訳や翻訳の費用も該当しますので、活用すると良いでしょう。

SECTION 36

ハローワークへの届出義務を知る

外国人労働者を雇用する事業主に対して、外国人労働者（特別永住者と在留資格の「外交」・「公用」の者を除く）の雇入れや離職の時に、ハローワークへ「外国人雇用状況届出」を義務付けています。この届出を怠ると、30万円以下の罰金が科されますので、ご注意ください。

届出方法としては、外国人労働者を雇用している企業を管轄しているハローワークに届出が必要となり、外国人が雇用保険の被保険者であるか否かで届出方法が異なり、２つの方法があります。

❶雇用保険被保険者の場合

管轄するハローワークに「雇用保険被保険者資格取得届」または「雇用保険被保険者資格喪失届」に、被保険者氏名、国籍・地域、在留資格、在留期間、資格外活動許可を伴う方を雇用する場合は、その許可の有無、派遣・請負労働者として当該事業所以外で就労するかどうかを記載して届出ます。資格取得届出期限は、雇用した日の属する月の翌月10日です。また、資格喪失届出期限は、被保険者でなくなった日の翌日（従業員が退職した日の翌々日）から10日以内です。

❷雇用保険被保険者以外の場合

管轄するハローワークに「様式第3号」に氏名、在留資格、在留期間、生年月日、性別、国籍・地域、資格外活動許可を伴う方を雇用する場合は、その許可の有無を記載して届出ます。届出期限は、雇入れや離職の場合ともに翌月月末までになります。例えば、4月1日に雇入れした場合は、5月31日までに届出しましょう。

「外国人雇用状況届」は、ハローワークだけでなく、郵送や電子申請により届出をすることもできます。具体的に言えば、ハローワークインターネットサービスの「外国人雇用状況届出」やインターネットで「外国人雇用状況届出システム」から申請することができます。

雇用保険被保険者の判断基準は、１週間の所定労働時間が20時間以上であり、31日以上の雇用の見込みがある場合です。この基準に該当すれば、アルバイトやパートタイマーであっても該当します。

２０２０年３月から外国人雇用状況届出において、外国人が雇入れや離職をした場合に、在留カード番号の記載が必要になります。在留カードの右上に記載されている12桁（英字２桁、数字８桁、英字２桁）の番号を記載しましょう。

なお、常時10人以上の外国人労働者を雇用した時に、「外国人労働者雇用労務責任者」を選任することが義務付けられています。一般的には、人事課長などがその役割を担っています。ただし、選任の届出をする必要はありません。

SECTION 37

外国人労働者と雇用契約書を締結する

労働基準法第15条第1項において「使用者は、労働契約の締結に際し、労働者に対して賃金、労働時間その他の労働条件を明示しなければならない」と明記されています。

その中でも明示が義務づけられている事項は、❶から❻まであります。

❶労働契約の期間に関する事項
❷期間の定めのある労働契約を更新する場合の基準に関する事項
❸就業の場所及び従事すべき業務に関する事項
❹始業及び終業の時刻、所定労働時間を超える労働の有無、休憩時間、休日、休暇並びに労働者を2組以上に分けて就業させる場合における就業時転換に関する事項
❺賃金（退職手当等を除く）の決定、計算及び支払の方法、賃金の締切り及び支払の時期並びに昇給に関する事項

❻退職（解雇の事由を含む）に関する事項

このような労働条件で労働者が「企業で働きます」、企業が「働いてください」という合意することを示した書類が必要です。

そこで、必要なのが、「雇用契約書」です。特に、外国人労働者は、文化や考え方も違いますので、きちんと雇用契約書を説明し、締結することが大切です。

雇用契約書について、次ページのサンプルをご参考にしてください。また、英語版を必要な場合は、厚生労働省の「外国人労働者向けモデル労働条件通知書」を参考にしましょう。

雇用契約書（サンプル）

株式会社（以下、甲という）と　　　（以下、乙という）は、下記により雇用契約を締結する。

記

あなたを採用するにあたっての労働条件は、次のとおりとする。

雇用期間	年　月　日～　年　月　日 ただし、乙が日本国より在留資格または就労資格を喪失した時は、契約期間満了前であっても本契約は終了する。
就業の場所	
従事する業務の内容	ならびにその付帯業務 在留資格もしくは就労資格を有することを証明する書類の写しを甲に提出する。
始業・終業時刻 及び休憩時間	始業［　時　分］　終業［　時　分］ 休憩［　時　分から　時　分までの　時　分］ 所定時間外労働の有無
休日・休暇	
賃金	基本給　円（時間・日・月） 通勤手当　円　総支給　円 賃金締切日　毎月　日　支払日　当月　日 控除、その他賃金の支払い、計算方法は賃金規程を適用する。 銀行口座振替の［同意］
賞与	
退職金	
昇給	
労働保険・社会保険	甲は乙に対して法律の範囲内で労働保険・社会保険に加入させるものとする。
退職・解雇に関する事項	退職・解雇や懲戒解雇については就業規則の定めによる。
契約更新の有・無	1.　契約は自動的に更新する。 2.　更新する場合があり得る。 3.　契約を更新することはない。
更新の判断 次の4項目の基準すべてにつき行う	1.　契約満了の時点の業務の有無または業務量により判断する。 2.　本人の職務能力、就労成績、健康状態、解雇の規定に定める事由により判断する。 3.　事業所の経営内容、経営悪化又は大量の業務消滅等により判断する。 4.　期間満了の1か月前までに更新の手続を完了する。
備考	乙は甲の定める就業規則に従うこととする。 本契約は日本国の法律・法令を基準として解釈する。 本契約は日本の在留許可をされたものであることを前提とする。在留資格または就労資格を喪失した時は、契約期間満了前であっても本契約は終了する。 本契約に定められていないことは、甲、乙双方の協議で定めることとする。

年　月　日

甲：所在地
企業名
代表者氏名　印
乙：居住地
氏名　印

SECTION 38

雇用契約書の内容①
雇用期間について知る

雇用期間には、「期間の定めのない無期雇用契約」、「期間の定めのある有期雇用契約」の2つの種類があります。「期間の定めのない無期雇用契約」の場合は、「期間の定めなし」と記載します。永住者や定住者などのように就労制限のない在留資格の方が正社員の場合やパートタイム労働者であっても期間の定めがない場合がありますので、雇用契約書の内容を丁寧に確認しましょう。

「期間の定めのある有期雇用契約」については、契約更新の有無について確認しましょう。具体的には、雇用期間とともに、「契約は自動的に更新する」、「更新する場合があり得る」、「契約更新をすることはない」のいずれであるのか明記しましょう。また、更新をされる場合は、更新の判断を記載しましょう。

どちらの場合にしても、外国人労働者の場合は、在留資格を有していることが前提要件になりますので、「在留資格または就労資格を喪失した時は、契約期間満了前であっても本契約は終了する」という但し書きが必要でしょう。

SECTION 39

雇用契約書の内容②
従事する業務の内容を確認する

外国人労働者を雇入れする場合に、「従事する業務の内容」を詳細に記載しましょう。その理由としては、2つあります。1つ目は、在留資格と従事する業務の内容が違う場合は、入管法に抵触します。コンプライアンスの側面からも、どの業務をしてもらうのかを外国人労働者にきちんと説明をし、理解してもらう必要があります。2つ目は、ジョブディスクリプション（職務記述書）を作り、雇用契約書と一緒に業務の説明をすることが望ましいです。なぜならば、日本では人に仕事をつける職務給であり、海外では仕事に人をつける職務給を採用しています。このような違いから、外国人労働者には、細かく業務の内容を示しておくことでお互いに誤解が生まれず気持ちよく仕事ができるでしょう。もし、業務の内容に関連したこともお願いするのであれば、「付帯業務」についても記載しておきましょう。このようなことから、外国人労働者に対してわかりやすく業務の内容をきちんと明記して説明することが大切です。

SECTION 40

雇用契約書の内容③ 労働時間と残業について知る

外国人労働者は、残業をすれば稼げることだけ情報として知っています。数年前、私が初めて技能実習生に、「日本語で、一番好きな言葉は何ですか？」と尋ねますと、とてもあどけない表情の少女に「残業です」と回答され、非常にびっくりしたことを覚えています。

そこで、労働時間について日本の法規を教える必要があります。労働時間には上限があり、原則としては１日８時間以内、１週間で40時間以内と定められており、会社の指示により、時間外労働をさせた場合に残業代が発生することを伝えましょう。そして、労働時間は、始業時間から終業時間までの時間から休憩時間を控除した時間であることも伝えましょう。

休憩時間は、１日の労働時間が６時間を超える場合は少なくとも45分、８時間を超える場合には少なくとも60分の休憩を与えなければなりません。特に、資格外許可のある留学生の場合、１週間に28時間以内の労働時間までと決まっ

ていますので、時間管理は厳密に行いましょう

また、働き方改革に伴い時間外労働の上限規制について、一部を除き大企業では2019年4月1日、中小企業は2020年4月1日から施行となりましたので、残業時間削減を進めることが必要でしょう。また、企業が残業をさせる場合は、労働者の過半数で組織する労働組合がある場合は、労働者の過半数を代表する人との書面協定を結ぶ必要があり、36協定と言います。この36協定は、新様式になっておりますので、労働基準監督署に提出しましょう。

SECTION 41

雇用契約書の内容④ 休日・休暇について知る

休日は、労働の義務のない日を指し、毎週少なくとも１回あるいは４週間を通じて４日以上は必ず与えなければならないものです。一方、休暇は、本来働く義務がある日に労働者が申請することにより働くことが免除される日のことを指し、代表例として年次有給休暇などがあります。

有給休暇とは、労働者が継続して６か月勤務しており、全労働日の８割以上を出勤すれば、所定の年次有給休暇を取得することができる制度です。２０１９年４月より有給休暇５日間の取得を事業主は義務付けられました。具体的に言いますと、年10日以上の年次有給休暇が付与される労働者に対して、年次有給休暇を付与した日から１年以内に５日間を会社が時季を指定して取得させなければいけません。この改正に伴い、年次有給休暇管理簿の保存と就業規則の記載をしなければなりません。もちろん、日本人労働者のみならず、外国人労働者にも適用されます。

また、外国人労働者は、日本とは異なる慣習があります。日本では、正月などに長期休暇を取得しますが、各国で長期休暇の慣習は違います。そこで、外国人労働者の母国の休暇についてのヒアリングをして、有給休暇を使用して帰国もしくは、外国人労働者向けの休暇を策定するなど工夫することで、人材確保につながるでしょう。

SECTION 42

雇用契約書の内容⑤ 賃金支払い5原則を知る

外国人労働者に対しても賃金を確実に支払うことが必要です。そこで、5つの原則に従い、企業は支払わなければなりません。

順次、紹介していきましょう。

❶通貨払いの原則

原則は、賃金は現金で支払わなければなりません。例外として、銀行振り込みの場合は、同意書などをもらうと良いでしょう。

❷直接払いの原則

賃金は、必ず外国人労働者本人に支払わなくてはいけません。私が総務部に配属された時、従業員の配偶者から「給与を代わりに私が受け取りたい」という申し出があり困ったケースがありました。もちろん、この場合も本人以外に給与を渡してはいけません。

❸全額払いの原則

原則は、賃金は全額を支払わなければなりません。例外として、所得税や社会保険料などは控除できます。それ以外の寮費の控除などは、24協定を結ばなければ控除することはできません。必ず、「賃金控除に関する協定書」を締結しましょう。

❹毎月1回以上の原則

毎月1回以上賃金を支払わなければなりません。3か月に1回のように複数月にまたがり支給することは許されていません。

❺一定期日払いの原則

一定の期日に支払わなければなりません。例えば、「毎月25日払い」は良いですが、「毎月第3木曜日」のように曜日固定することは許されていません。

賃金控除に関する協定書

株式会社　　　　　と労働者代表　　　　　　　　とは、労働基準法第２４条第１項ただし書きに基づき、賃金控除に関し、下記のとおり協定する。

記

１　株式会社　　　　は、毎月　　　　日、賃金支払の際、次に掲げるものを控除して支払うことができる。

①食費

②家賃

③親睦会費

２　この協定は　　年　　月　　日より　　年　　月　　日までに有効とし、有効期間満了の１か月前に労使いずれからも異議の申し出がない場合は、更に１年間更新するものとし、以降も同様とする。

年　　　月　　　日

株式会社

労働者代表　　　　　　　　　　　　　　　　印

株式会社

代表取締役　　　　　　　　　　　　　　　　印

SECTION 43

雇用契約書の内容⑥最低賃金について知る

最低賃金とは、働くすべての人に最低賃金法により最低賃金額以上の賃金を支払わなければいけないというものです。外国人労働者だからということで、最低賃金以下の金額で雇用することはできません。

最低賃金には、地域別最低賃金と特定最低賃金があり、両方に当てはまる場合は金額が高いほうが当てはまります。地域別最低賃金は、都道府県ごとに最低額が定められています。特定最低賃金は、特定の産業において最低額が決められています。毎年10月頃に最低賃金が発行されていますので忘れないように対応しましょう。

また、時給の場合は最低賃金を下回っていることはわかりやすいですが、日給や月給はわかりにくいので、次の公式を参考にして確認しましょう。

日給の場合

日給を１日の所定労働時間で割り、最低賃金を下回っていないか確認しましょう。

月給の場合

月給を一か月平均所定労働時間で割り、最低賃金を下回っていないか確認しましょう。

SECTION 44

雇用契約書の内容⑦ 退職と解雇について知る

労働者には、原則として退職の自由があります。有期契約は別として、正社員のように無期契約の場合は、労働者はいつでも労働契約の解約することができ、就業規則で定められている場合を除き、原則として、申し出日から2週間経過した時に退職が成立します。ただし、労使のお互いが同意すれば、すぐに退職することができます。

雇用契約書には、日本の法律や法令を基準としており、日本の在留許可をされたものを前提として契約をすることを明示しましょう。また、就業規則にて「雇用契約満了の時や在留期間更新申請が不許可となり、就労可能な在留資格を失った時などは、自動退職とする」と記載しましょう。

一方、解雇とは、会社による一方的に労働契約の終了し、労働者を辞めさせることです。外国人労働者だからと言って、日本人同様、客観的に合理的な理由を欠いて、社会通念上相当であると認められない限り、無効になります。なお、労働者を解雇する場合は、少なくとも30日以上前に予告するか、30日以上の平均賃金を解雇予告手当として支払わなければなりません。

ちなみに、平均賃金とは、原則として解雇の発生した日以前3か月間に、その労働者に支払われた賃金の総額を、その期間の総暦日数で除した金額を示します。

SECTION 45

雇用契約書の内容⑧ 労働保険・社会保険について知る

日本では、社会保障の制度が整備されており、「国民皆保険」と言い、すべての国民が何らかの公的保険に加入できるようになっています。働いている会社の保険制度「労災保険」、「雇用保険」、「健康保険」、「厚生年金保険」について順に説明しましょう。

労災保険

仕事や通勤途中のけが、病気、障害、死亡に対して国が給付を行う制度です。労働者であればすべての方が対象になり、保険料は、すべて事業主が負担していますので、給与明細から保険料として控除されることがありません。

雇用保険

労働者が失業した時などに、生活の安定や失業などの給付の支給を行う制度です。対象者は、1週間の所定労働時間が20時間以上であり、31日以上の雇用の見込みがあることが必要です。保険料は、労使で折半になります。

健康保険

労働者や家族がけが、病気、出産や死亡に対して、必要な医療給付や手当金が支給される制度です。対象者は、勤務時間や日数が、正社員の4分の3以上ある（ただし、従業員が501人以上の場合は除く）ことが必要です。保険料は、労使で折半になります。

厚生年金保険

労働者が高齢になったり、けがや病気や障害が残ったり、その遺族に対して給付を行う制度です。対象者は、勤務時間や日数が、正社員の4分の3以上ある（ただし、従業員が501人以上の場合は除く）ことが必要です。保険料は、労使で折半になります。

このように労災保険以外は、給与から控除されます。外国人労働者に対しては、雇用保険、健康保険、厚生年金に加入する意味を伝えなければ、給与明細から控除されていることに納得しない場合があります。なぜならば、本国ではそのような制度がないからです。そのため、外国人労働者に対して日本にいる限りは、日本の法規に従わなければ働くことができないことを伝えなければなりません。

また、制度として病気やけがをした時に適用されることを教えなければなりません。例えば、日本の健康保険を使えば、3割負担で病院にかかりますが、生活費を切り詰めている外国人は3割負担でも病院に行きたがらずに、会社の救急箱にある市販薬で済ませようとします。そのことにより、かえって病気やけがの状態が長引き、仕事に支障をきたすことがあります。日本人が、外国人労働者と同行して病院に行くことも必要でしょう。

更には、技能実習生を受け入れる企業は、公的な健康保険以外に外国人技能実習生総合保険の加入を検討されると良いでしょう。この保険は、技能実習生が母国出発から帰国するまで、講習期間を含む実習実施期間中を含んでカバーしており、治療費用については、国民健康保険、健康保険などの資格取得時期を考慮し、本国から一定期間は治療費用が１００％補償されるので、実質無料で治療を受けることができます。ＪＩＴＣＯ（国際人材協力機構）を保険契約者とし、技能実習生を被保険者、実習実施者を保険加入者とする団体保険がありますので、個人保険よりリーズナブルな値段の設定になっています。

外国人労働者は、「なぜ厚生年金保険に加入しないといけないのか」と加入に対して否定的な人もいますが、短期的であっても脱退一時金の支給があることを説明しましょう。来日された当初は、短期的に日本で働くつもりでも、結果的に数十年働いていた外国人労働者が、日本の公的な年金に加入せずに生活苦になっている話を聞くこともあります。

「年金加入されていれば」と悔やまれないためにも、短期的な側面だけでなく、中長期的な側面も説明してあげると良いのかもしれません。

SECTION 46

外国人労働者の安全や健康の確保

労働者の安全や健康を確保するために安全衛生法があります。企業は安全衛生対策を行っています。順次、安全衛生対策を説明しましょう。

健康診断

外国人労働者を雇入れる時やその後は1年に1回医師による健康診断を行います。健康診断の目的や内容については、母国語その他外国人が使用する言語または平易な日本語で理解できる方法で説明しましょう。

ストレスチェック

労働者数が50人以上の企業には1年に1回ストレスチェックつまり、心の健康診断の実施が義務付けられています。目的は、労働者のメンタル不調の未然防止です。具体的な内容は、次の職業性ストレス簡易調査票をご覧ください。

職業性ストレス簡易調査票（57 項目）

A　あなたの仕事についてうかがいます。最も あてはまるものに○を付けてください。

	そうだ	まあそうだ	ややちがう	ちがう
1. 非常にたくさんの仕事をしなければならない	1	2	3	4
2. 時間内に仕事が処理しきれない	1	2	3	4
3. 一生懸命働かなければならない	1	2	3	4
4. かなり注意を集中する必要がある	1	2	3	4
5. 高度の知識や技術が必要なむずかしい仕事だ	1	2	3	4
6. 勤務時間中はいつも仕事のことを考えていなければならない	1	2	3	4
7. からだを大変よく使う仕事だ	1	2	3	4
8. 自分のペースで仕事ができる	1	2	3	4
9. 自分で仕事の順番・やり方を決めることができる	1	2	3	4
10. 職場の仕事の方針に自分の意見を反映できる	1	2	3	4
11. 自分の技能や知識を仕事で使うことが少ない	1	2	3	4
12. 私の部署内で意見のくい違いがある	1	2	3	4
13. 私の部署と他の部署とはうまが合わない	1	2	3	4
14. 私の職場の雰囲気は友好的である	1	2	3	4
15. 私の職場の作業環境（騒音、照明、温度、換気など）はよくない	1	2	3	4
16. 仕事の内容は自分にあっている	1	2	3	4
17. 働きがいのある仕事だ	1	2	3	4

B　最近１か月間のあなたの状態についてうかがいます。最もあてはまるものに○を付けてください。

	ほとんどなかった	ときどきあった	しばしばあった	ほとんどいつもあった
1. 活気がわいてくる	1	2	3	4
2. 元気がいっぱいだ	1	2	3	4
3. 生き生きする	1	2	3	4
4. 怒りを感じる	1	2	3	4
5. 内心腹立たしい	1	2	3	4
6. イライラしている	1	2	3	4
7. ひどく疲れた	1	2	3	4
8. へとへとだ	1	2	3	4
9. だるい	1	2	3	4
10. 気がはりつめている	1	2	3	4
11. 不安だ	1	2	3	4
12. 落着かない	1	2	3	4

		非常に	かなり	多少	全くない
13.	ゆううつだ	1	2	3	4
14.	何をするのも面倒だ	1	2	3	4
15.	物事に集中できない	1	2	3	4
16.	気分が晴れない	1	2	3	4
17.	仕事が手につかない	1	2	3	4
18.	悲しいと感じる	1	2	3	4
19.	めまいがする	1	2	3	4
20.	体のふしぶしが痛む	1	2	3	4
21.	頭が重かったり頭痛がする	1	2	3	4
22.	首筋や肩がこる	1	2	3	4
23.	腰が痛い	1	2	3	4
24.	目が疲れる	1	2	3	4
25.	動悸や息切れがする	1	2	3	4
26.	胃腸の具合が悪い	1	2	3	4
27.	食欲がない	1	2	3	4
28.	便秘や下痢をする	1	2	3	4
29.	よく眠れない	1	2	3	4

C　あなたの周りの方々についてうかがいます。最も あてはまるものに○を付けてください。

		非常に	かなり	多少	全くない
次の人たちはどのくらい気軽に話ができますか？					
1.	上司	1	2	3	4
2.	職場の同僚	1	2	3	4
3.	配偶者、家族、友人等	1	2	3	4
あなたが困った時、次の人たちはどのくらい頼りになりますか？					
4.	上司	1	2	3	4
5.	職場の同僚	1	2	3	4
6.	配偶者、家族、友人等	1	2	3	4
あなたの個人的な問題を相談したら、次の人たちはどのくらいきいてくれますか？					
7.	上司	1	2	3	4
8.	職場の同僚	1	2	3	4
9.	配偶者、家族、友人等	1	2	3	4

D　満足度について

		満足	まあ満足	やや不満足	不満足
1.	仕事に満足だ	1	2	3	4
2.	家庭生活に満足だ	1	2	3	4

医師による面接指導

ある一定時間以上の長時間労働者は、医師の面接指導が対象になります。通訳などをつけて面接指導を受けてもらいましょう。

外国人労働者に対して安全衛生管理の方法を配慮する

２０１５年以降、外国人労働者の労働災害発生状況は、２０００件を超えています。とりわけ、外国人労働者にとって日本語をマスターすることはハードルが高いです。外国人労働者に向けた配慮をしましょう。労災防止のための職場内のポスター、標識や掲示などにイラストを入れ、英語などを併記するなど伝える工夫をしましょう。安全衛生の教育時は、言葉だけでなく、身振りなど視覚的にも効果的な方法を検討しましょう。また、免許取得や技能講習の修了が必要な業務に、無資格のままで従事させたりすることはできませんので、ご注意ください。万が一、労災により労働者が死亡または休業した場合は、遅滞なく、労働者死傷病報告などを労働基準監督署に提出しましょう。

5S活動

製造業では、5S活動を推進されています。5Sとは、「整理・整頓・清掃・清潔・躾」のローマ字の頭文字から由来しています。職場の改善活動として安全の向上に役立っています。

建災防方式健康KY（危険予知）

建設業労働災害防止協会（建災防）による健康KY（危険予知）があります。建設現場にて、職長から作業員に対して、3つの質問をして、健康KYを図るというものです。「よく眠れましたか」、「おいしく（ご飯を）食べましたか」、「体調はどうですか」という3つの問いかけと姿勢や表情などを観察し、健康状態を把握して未然に労働者の不調に気づくことを目的としています。

日本の労働者の安全や健康確保についての対策は非常に高水準のものになります。外国人労働者にもきちんと説明し、共に実践してもらいましょう。

SECTION 47

業務上でのけがや病気なった時

外国人労働者が、業務上や通勤中にけがや病気になった場合は、労災保険により補償されます。

けがや病気になり、治療を受ける場合

労災指定病院にかかれば、治療費は原則として無料となります。また、非指定病院にかかれば、いったん費用を負担しますが、労働基準監督署に請求をすれば負担した費用が支給されます。

けがや病気の療養開始後、１年６か月経過しても完治せず、傷病が重い場合

傷病の程度に応じて傷病（補償）年金、一時金として傷病特別支給金、傷病特別年金を支給します。

けがや病気の治療により、仕事を休み賃金を受けられない場合

休業4日目から労災保険により平均賃金に相当する額の8割を給付します。特別支給金の2割を含みます。

けがや病気は治ったが、障害が残った場合

障害の程度により、障害（補償）年金、または障害（補償）一時金が支給されます。

労働者が死亡した場合

遺族に対して、遺族（補償）年金、または遺族（補償）一時金が支給されます。葬祭を行ったものには、葬祭料（葬祭給付）が支給されます。

日本では業務や通勤途上には労災保険制度があり、申請することで給付を受けることができますので、外国人労働者に説明をしてあげることが必要でしょう。

SECTION 48

外国人労働者が出産や育児をする時

外国人労働者が出産や育児をする時の制度や手続きなどを紹介しましょう。

出産育児一時金

健康保険や国民健康保険の被保険者が出産した時、出産費用として支給されます。

出産手当金

健康保険の被保険者が出産で会社を休んだ時に、給与の支払いを受けることができなかった時、出産（予定）日以前42日（多胎妊娠の場合は98日）から出産日後56日までの範囲内で、会社を休んだ期間を対象に出産手当金が支給されます。

🌐育児休業給付金

雇用保険の被保険者が、原則1歳（一部例外あり）に満たない子を養育するための育児休業を取得し、ハローワークへの申請により育児休業給付金が支給されます。

外国人労働者の出産や育児をする時に、情報を提供し説明してあげましょう。日本の制度や手続きは、申請をすることにより初めて権利が発生するため、手続きのサポートをしてあげましょう。

第5章 外国人労働者を雇った後の注意点

Complete Manual for Employing Foreign Workers

SECTION 49

職場のルールやマナー

日本人にとっては、当たり前である職場のルールやマナーは、外国人労働者とは異なっています。相違点について、紹介しましょう。

職場のルール

外国人特有の働く価値観として、「時間」と「お金」に対する考え方が日本人労働者とはかなり異なります。

最初に、日本のビジネスシーンでは時間の正確さを要することを伝えなければいけません。例えば、「9時集合」と言われれば、5分前までには集合することを認識してもらう必要があります。また、仕事の締め切りにも厳しいことを伝えましょう。

次に、前述したとおり外国人労働者のお金を稼ぐ目的がはっきりしています。例えば、自分がやりたいことがあるからや、家族を養うために働くなどがあります。母国に幼い子供を家族に預けて単身働かれている女性も多くいらっしゃいます。日本に滞在している間は、1円でも多くお金を稼ぎたいという気持ちが強く働きます。そのため、「できる限り、多く残業をしたい」という外国人労働者がいますが、安全衛生の側面から好ましくないことを説明し、職場のルールを徹底できるようにしましょう。

また、雇入れ時に、給与から社会保険料などが控除されることや、その目的や理由をきっちりと説明しましょう。給与は、支給項目から控除項目を引いて、手取り金額を手渡し、もしくはご自身の口座に振り込まれることをわかりやすく伝えましょう。

外国人労働者に説明する時は、彼らの表情も曇りますが、きちんと説明しなければ、かえってトラブルのもとになりますので、ご注意ください。

ホテルの客室清掃業務のベトナムの若い女性の技能実習生の事例を紹介します。部屋の清掃をしていたところ、ブランドの紙袋が部屋に捨てられていました。年頃の女性にとって憧れのブランドなので、無理もないことですが、「この紙袋はどうせごみになり捨てられるのですよね。かわいいから、私がもらってもいいですか？」と尋ねてきました。もちろん、職場の先輩は、「ホテルのルールなので、持って帰ってはいけません」と注意をしました。注意した後も、「かわいいのに、もったいない」などと残念そうな顔をしていました。しかし、きちんと職場のルールを教えると、守ってくれるので、ルールの共有化をすることが必要です。

また、従業員や実習生同士でお金の貸し借りをするのはやめましょう。このようなことはトラブルの原因になります。就業規則の服務規律の部分に「他の従業員と金銭貸借をしない」と記載し、入社時に説明されると良いでしょう。

職場のマナー

職場のマナーについてもそれぞれの国により異なります。まずは、返事の仕方ですが、例えば、いわゆる「二つ返事」、つまり、「はい、はい」と重ねる返事が当たり前だと思っている場合があります。残念ながら、日本では「二つ返事」は仕方がなく無理にしているように受け止められるので、損をしていることを説明しましょう。また、お辞儀についても「会釈」、「敬礼」、「最敬礼」の3種類があり、時と場合によって使い分けをしていることを説明しましょう。

ある介護事業所では、指導者が、インドネシアの介護福祉士候補生に対して仕事を指導している時、「わかりましたか？」と尋ねますと必ずといっていいほど「はい、わかりました」と答えていました。そこで、仕事を理解していると認識し任せていたところ、ご利用者から「まだ、タオルと水を持ってきてくれないの」とクレームになりそうになったことがあったそうです。後ほど本人に確認してみますと、日本語の理解が不十分にもかかわらずに、指導者が安心すると思い、深く考えずに「はい、わかりました」と答えていたようです。

特に、インドネシアの方は、物腰が柔らかく争いを好まない性質がありますので、本当に理解したのかどうかを確認することが必要です。しっかり理解したかどうか確認する方法としては、「わかったのですね。では、どのような手順で作業をするつもりですか？」など作業手順を確認し彼らが言及することができれば理解したものと判断できるでしょう。

SECTION 50

コミュニケーションの取り方

コミュニケーションは、「話し手」と「聞き手」の双方がいて初めて成立します。両者が共に同じような価値観を持っていれば、コミュニケーションは円滑に進むでしょう。しかし、日本での職業経験が少なければ母国の価値観のもとで、コミュニケーションを取らざるを得ません。そこで、ミスコミュニケーションにならないようにするにはどうしたらよいのかを順に紹介しましょう。

あいまいな表現をしない

「できないことはないですね」や「自分なりに工夫してみてください」などのようなあいまいなニュアンスの指示は外国人労働者に伝わりにくいものです。具体的に説明してから作業手順を見せることや「はい」や「いいえ」で答えられる質問にするなど工夫しましょう。

婉曲法を使わない

日本人の場合は、電話で相手の声が小さくて聞こえない場合でも、「お電話が遠いようなのですが」といったように、直接的な表現を避け、相手の不快感を少なくする婉曲法をしばしば使います。慣れない外国人労働者にとってすれば、回りくどくてどうしたらよいのかわからないので、会話にもできるだけ普段から配慮しましょう。

要点を伝える

一度に沢山の情報を伝えるよりは、要点を絞って結論から話すようにしましょう。ナンバリングを使用した話し方をすると良いでしょう。例えば、「今回伝えたいことは、全部で3つあります。1つ目は、○○です。2つ目は、△△です。3つ目は、□□です」などのように伝えると理解しやすいでしょう。

日常生活に役立つ言葉や表現を教える

少し難しい言葉や表現であっても、日常生活でよく使う言葉や表現であれば、根気よく教えてあげましょう。例えば、製造業では、「5S」という言葉をよく使います。「5S」とは、職場環境を整備するためのスローガンである「整理、整頓、清潔、清掃、躾」であり、朝礼などで唱和しますが、意味をきちんと伝えることで理解が深まるでしょう。私が、定住外国人の方に対して日本の労働慣行について教えていたことがありますが、片言の方でも「5S」の言葉や意味について理解していたことに非常にびっくりしたことを覚えています。同時に、日本の企業のOJT教育は素晴らしいと思いました。

叱り方について考えてみる

業務中に注意したり、叱ったりする場面もあります。その時に、人前で叱られることに対して、失敗した事実だけでなく、人格を否定されたと感じる外国人労働者の方もいます。褒めるのは他の人がいても良いですが、叱る時は二人になった時に叱りましょう。また、感情的にならずに、なぜこの仕事ができなかったのか、この失敗を次の業務にどう活かすのかを考えてもらうことが大切です。国柄により、慣習が違いますので、叱り方にも気を付けましょう。

SECTION 51

国民性の違い

日本人の国民性と言えば、「礼儀正しい」、「協調性がある」、「執着心が薄い」などがよく挙げられます。一概に言えませんが、歴史や文化から共有される大まかな性格の傾向を知ることができます。参考までに、各国の国民性について監理団体や企業の担当者の方々にインタビューした内容をもとに紹介します。

中国人の特性

- 明るく意見をはっきり言う
- 家族を大切にする
- 合理的な考え方をする

ベトナム人の特性

- 勤勉で競争心がある

- 意見をはっきり言う
- 物事を最後までやり遂げる

フィリピン人の特性

- 明るくて意見をはっきり言う
- 家族を大切にする
- 面倒見がよい

インドネシア人の特性

- 明るく、素朴で人懐っこい
- 物腰が柔らかい
- 協調性がある

これらの情報などを参考にしながら、あまり先入観にとらわれずに個人を尊重して対応してください。

SECTION 52

生活スタイルの違い

外国人労働者にとって日本の日常生活のルールや習慣は、彼らの母国とは異なります。まずは、日本の生活に早く馴染めるためにも次のことから教えてあげましょう。

ゴミ出し

ごみの収集日と場所を確認しましょう。収集日は、各地域のカレンダーを確認し、ごみ取集の場所以外にはごみを捨てないようにしっかりと説明しましょう。自治体によっては、有料のごみ袋を使用しなければならない場合もありますので、なるべく詳細に教えてあげましょう。また、家電などの大きなごみは、捨てる時に費用がかかることやごみ収集所のものを拾ってご自身の部屋に持ち帰ることも良くないことを伝えることも必要です。

騒音

日本人は、基本的に「近隣に大きな音や声を出すことは迷惑である」という意識があります。一方、外国人の場合は、楽しみとしてパーティーで歌を歌ったり、皆でダンスをしたりすることが珍しくありませんので、できるだけ近所の迷惑にならないように注意して行うよう伝えましょう。

トイレ・お風呂

日本の水洗トイレの使い方がわからない場合もありますので、事前に使い方を伝えましょう。また、温泉や銭湯に行く場合は、掛かり湯をしてから入り、タオルを湯船につけないなど日本のお風呂のルールを説明することも大事です。

以前に、散髪代を節約するために寮のお風呂で髪の毛を切り、排水溝を詰まらせたケースがありました。なぜその行為が不適切なのか考えてもらい、失敗から学ぶ機会を与えると、二度と同じことをしなくなりました。

公共交通機関

電車やバスなどの公共交通機関で大声を出したり、携帯電話で話したりすることはマナー違反です。特に、携帯で電話しながら車を運転する場合は、道交法違反になりますので、注意するように伝えましょう。また、以前に、乗車定員が7人乗りのミニバンに乗っている外国人労働者が、大型スーパーに近隣の外国人労働者を集めて、一緒に買い物に同行していました。同行する行為は良いのですが、タクシー代わりに一人500円ずつお金を受け取っていました。

悪いことをした認識はなかったようですが、日本では規制が厳しいことをお伝えしたことがあります。諸外国では「ウーバー」と言い、スマホやアプリで登録して一般人でもドライバーとして運転でき、車の手配ができるシステムがありますが、日本の法規との違いを伝え、理解してもらうことが大切です。

防寒対策

外国人労働者の中には、温暖な気候でしか生活をしたことがない人がいらっしゃいます。一度も雪を見たこともないと言う人もいるでしょう。そのような方には、慣れない寒さに備え、ヒーターなどの暖房器具を用意してあげましょう。

最初の頃は、外国人労働者にとって「何がわからないかがわからない」と思いますが、少しずつ日本のルールや習慣を学んでいき、慣れてもらうように指導しましょう。

SECTION 53

言葉の違い

日本語は、ひらがな、カタカナ、漢字の3種類の表記があり、外国の方にとっては難易度の高い言語だと言われています。そこで、それぞれの外国人労働者の日本語のレベルをまず知ることが大切になります。ここでは、日本語の勉強方法について紹介します。

日本語のレベルを知る

日本語能力のレベルを知る方法として、日本語能力試験の結果を聞くことが大切です。日本語能力試験のおけるレベルはN1からN5まで5段階あります。「日本語能力試験」のホーム

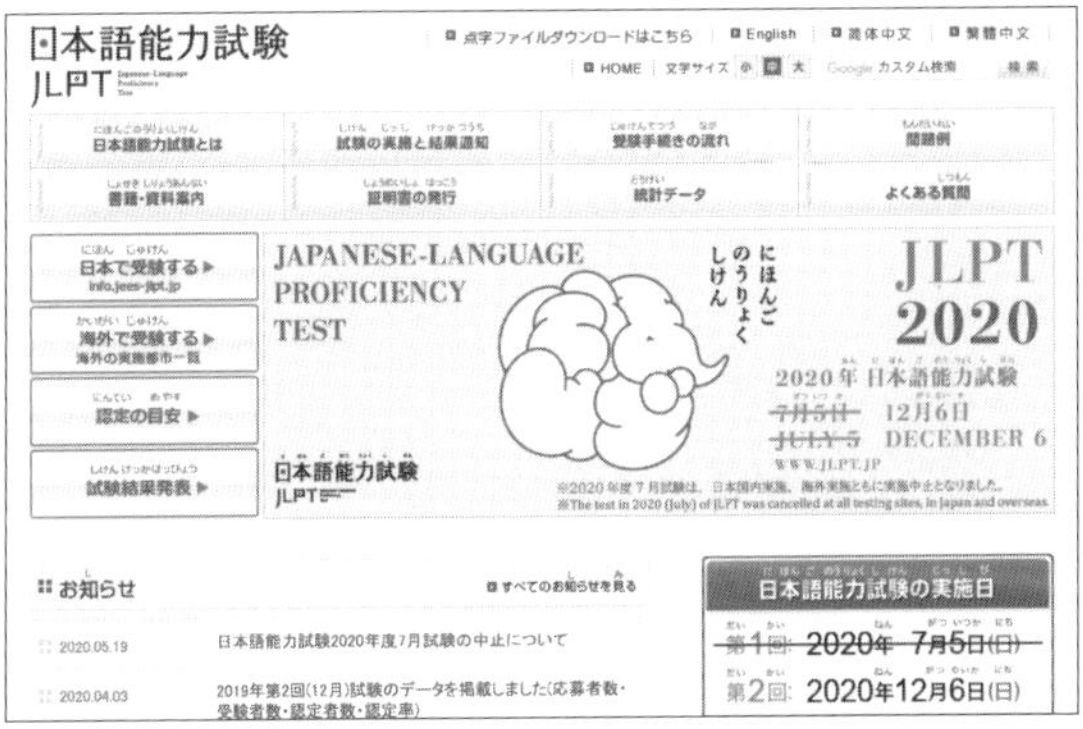

※日本語能力試験

ページより参考までに引用します。

●N1レベル
幅広い場面で使われる日本語を理解することができる

●N2レベル
日常的な場面で使われる日本語の理解に加え、より幅広い場面で使われる日本語をある程度理解することができる

●N3レベル
日常的な場面で使われている日本語をある程度理解することができる

●N4レベル
基本的な日本語を理解することができる

●N5レベル
基本的な日本語をある程度理解することができる

技能実習では、1年目はN4以上、2年目はN3以上のレベルが必須になっています。大学などを卒業して高度人材と受け入れる場合は、N2以上を望まれる場合が多く、日本語と他の言語が必要でしょう。

日本語の勉強の仕方

●日本語学校
入門から上級までレベル別に学ぶことができますが、授業料がかかります。また、通学のしやすさなども考慮して学校を選ぶと良いでしょう。

●地域の日本語教室
自治体やNPO法人などが運営しており、比較的安く学ぶことができます。ボランティアで教えている教室もあります。

● 通信教育やeラーニングの活用

日本語の学校や教室に通えない場合に、通信教育やeラーニングも有効です。ただし、学習するという意欲が低い場合は、長続きしないこともあります。

● 独学

テキストと電子辞書から日本語を学びます。通信教育やeラーニングの活用のように学習に対するモチベーションをいかに高めるかがポイントになります。

● 職場に日本語教師を招く

日本語教師に職場に来てもらい、学習を進める方法もあります。曜日や時間を決め、企業が費用負担している場合が多いです。自治体により、費用の補助などがある場合がありますので、お近くの自治体に問い合わせてみましょう。

このように外国人労働者の日本語レベルを把握して、就労に必要な日本語のレベルを目標として、学習計画を進めていきましょう。

特に、ＥＰＡに基づく看護師や介護福祉士の候補生として来日されている方は、国家試験に合格し就労することが目標になります。日本人でも国家試験は難しく困難なものですので、メンタル的なサポートと学習計画をきちんと立て、共有することが大切です。メンタル的なサポートとしては、彼らの話を聴いてあげるだけでなく、プライベートを充実し、一人になれる時間を作ることも有効でしょう。

また、学習計画については3年で国家資格に合格しなければいけないので、1年目は日本の生活や職場環境になれることと日本語の学習に重きをおくと良いでしょう。2年目は言葉の勉強から試験勉強に本格的に取り組み、3年目は、国家試験の過去問や模擬試験を何度もチャレンジして国家試験に挑みましょう。

来日当初は、言葉の壁や不慣れな国での生活に不安を感じていますので、日本語で日記をつける習慣を取り入れ、相互交流を図った企業もあります。日記をつけることに1時間以上かかり、最初は嫌がっていた方もいましたが、やり続けることで語学の上達につながり、結果として彼らの自信に繋がりました。

SECTION 54

宗教について

日本には「八百万の神」という言葉があり、就業時に宗教が直接的な関りがあるケースは少ないと思います。しかしながら、外国人労働者の場合は、特定の宗教を信仰されていることもあり、少しはその教義を知っておくことが必要です。

宗教とお祈り

● キリスト教の場合

外国人労働者が信仰する宗派の教会に案内してあげると良いでしょう。また、土曜日の勤務終了後と教会での礼拝がある日曜日は本人にとって安息日にあたるため、勤務日やイベントなどの配慮すべきことを本人と話し合い、なるべく調整しましょう。

● イスラム教の場合

勤務時間中のお祈りの時間を確保するために、休憩時間を分割して取得できるようにしましょう。安心してお祈りのできる部屋を備えてあげると良いでしょう。就業場所近くにモスクがある場合は、案内してあげると良いかもしれません。

宗教と食事の制限

● キリスト教の場合

一般的には食べ物に関する制限はないことも多いですが、一部の宗派では、嗜好品やアルコールが禁止されていることもあります。

● イスラム教の場合

一般的には豚肉は不浄なものとして食べません。また、禁酒が求められることもあるでしょう。「ラマダン」と言ってイスラム教徒の義務である断食があります。日本人は「ご飯食べなくてよいのか?」などと外国人労働者の心配をして声掛けをしてくれます。その心配りには彼らも感謝していますが、何度も聞かれると、かえって心苦しくなりますので、過度な心配や声掛けは必要ありません。

宗教と女性

イスラム教では身内以外の男性には肌を見せてはいけないことや一夫多妻制など日本の慣習とはかなり違います。欧米は男女雇用の機会が平等の場合が多いですが、イスラム圏では、そうでない場合も多いでしょう。場合によっては、自分で意見を言うことが恥ずかしいと思う場合もありますので、その場合はこちらから歩み寄って話を聞いてあげましょう。

SECTION 55

犯罪に巻き込まれないように指導する

私が監理団体の方に向けた勉強会に参加した時、警察の方の講話を聞いたことがあります。技能実習生や留学生が、金銭目的で銀行口座を売り、その口座が不正送金先として利用されている事案が増えているそうです。中には、同胞から頼まれたので口座を渡し犯罪に巻き込まれていることさえ知らない外国人の方もいるそうです。

そこで、外国人労働者を雇入れする場合は、口座売買の犯罪に巻き込まれないようにしっかり指導をしましょう。また、給与の口座開設も1つにして、帰国時は、通帳を解約するように伝えましょう。最近では、携帯電話やスマホを売買するケースもあるようです。くれぐれも銀行口座同様に犯罪に巻き込まれないように伝えましょう。

先日、高齢者から金品をだまし取る特殊詐欺の問題を取り上げているテレビ番組を見ました。現在は、家出などをして行き場のない少年や少女だけでなく、技能実習生の関与も見受けられるようになっています。

方法としては、「アルバイトをしないか?」とネットで募集し、日本語のレベルを電話で確認した後、犯罪に関与させているというものです。特殊犯罪の場合は、犯罪に関与しているとは知らずにアルバイト感覚で行っている方もいらっしゃいますので、きちんと具体的に説明をしましょう。

SECTION 56

不合理な待遇差について考える

同一労働同一賃金とは、同一企業における正規従業員とパートタイマーなどの非正規従業員の間の不合理な待遇差の解消を目指し、大企業は２０２０年４月、中小企業は２０２１年４月より施行されている制度です。

この制度に伴い、ある企業の人事部長から相談を受けたことがあります。その企業には寮があり、外国人労働者の寮の費用は無料で、日本人労働者は寮費として一定額の費用を徴収していました。外国人労働者と日本人労働者の待遇差が出てしまったという内容でした。この事案の場合は、外国人採用と日本人採用の担当者が別で組織として共有されていなかったため、このような状況になってしまったので、日本人労働者の寮費を改善することになりました。

このように、知らず知らずのうちに、日本人労働者の待遇が低くて問題になっている場合もありますので、同一企業において、均衡・均等の観点で処遇を考える必要があるでしょう。

SECTION 57

外国人労働者のための生活支援には多くの時間が必要

外国人労働者を受け入れるにあたり、言語と生活スタイルが母国とは違うので、日本に早く慣れてもらうために学習や生活面の支援をしなければいけません。職場内で担当者を選び生活支援を行うのですが、意外に多くの時間を要しますので、企業は業務以外のことで負担を負います。生活支援として必要なことを順に紹介しましょう。

市町村での手続きをする

転入届やマイナンバーなど手続きをします。日本語ができない外国人にとって市町村の手続きは困難なため、サポートが必要です。

水道・電気・ガスなどの利用申し込みをする

水道を新たに利用する時は、住所地の市区町村の水道を担当する部局や水道の事業者に対して、あらかじめ水道の使用開始に関する申し込みをします。電力を開始する場合は、電力会社と連絡を取り、申し込みをします。ガスを開始する場合は、ガス会社と連絡を取り、設備や点検をしてもらい、ガスの供給を開始します。

銀行口座を開設する

銀行窓口で銀行口座の開設の手続きをします。給与振り込みに必要なため早めに手続きに行きます。また、ＡＴＭの使い方なども教えましょう。

買い物に同行する

近くのスーパーやコンビニの場所を案内し、買い物の仕方を教えます。例えば、イスラム教徒は、宗教上食べてはいけない食品があります。食品の購入時は食品表示を読んで、食べていいのかどうか選択をするのですが、日本語が読めないので一緒に同行して買い物をする必要があります。

病院に同行する

病気にかかった時は、保険証を持って、病院に同行します。日本語が苦手な外国人労働者の場合は、医師とのやり取りのサポートをする必要があります。

携帯電話やスマホの契約をする

携帯電話やスマホの契約は手続きをサポートします。お店に同行し、わからない点をフォローしてあげましょう。

このように様々な生活支援がありますので、外国人労働者を受け入れる前に生活支援を書き出し、あらかじめ担当者に準備をしてもらう必要があります。

SECTION 58

外国人労働者の定着

外国人労働者を受け入れている企業にとって不安なことは、せっかく時間をかけて外国人労働者の人材育成や生活支援を行ったとしても、帰国や転職の可能性があり不安を抱いています。

ＥＰＡの介護福祉士候補生を受け入れた介護施設の施設長にお話を伺ったところ、外国人労働者は横のつながりがあり、労働条件の良いところに転職する可能性も否めないと言います。この施設で受け入れた候補生は、別の候補生の給与と比べて低いことを知り、しばらく悩んでいたようです。ところが、その給与には家賃補助がなく、家賃補助を含めますと、この施設の給与総額が高いことを知り、お友達を呼び寄せたということがあったようです。「今回は転職を受け入れた側ですが、一歩間違えれば転職される側にもなりえないと思っています」と話されました。

また、給与などの労働条件だけでなく、地方より都心部に興味を持つ候補生は少なくないと言います。なぜならば、都心部であれば、交通の便も良いし、遊ぶところも多く、生活の利便性が良いので住みやすく、給与水準が高いからです。

転職だけでなく、母国に帰ることも懸念されています。候補生も施設に馴染もうとして働きながらの毎日を過ごすうちに、母国に残した配偶者を呼び寄せたいと考えておられるようです。そのこと自体は喜ばしいことですが、実際に配偶者が来日して生活に馴染めずにホームシックにかかると、せっかくの優秀な人材が、家族を優先し、帰国されるケースがあるようです。その点から呼び寄せた家族が安心して地域に馴染み定着してもらえるように考える必要があるでしょう。

このように外国人労働者には、転職の可能性や帰国というリスクがついて回ります。定着する仕組み作りをどうするのかが課題と言えるでしょう。

SECTION 59

外国人労働者が失踪した場合

技能実習生の受け入れをしている監理団体の方のお話しによりますと、2～3％の技能実習生が失踪をされるケースがあるようです。2つのパターンがあり、企業の組織、風土や職場環境が悪く逃げ出すケースもあれば、職場環境が良くても失踪されるケースがあります。もし、無断欠勤が続き、連絡が取れなくなったら、冷静に対応しましょう。

そこで、万が一外国人労働者が失踪した時の対応について紹介しましょう。

監理団体の方に連絡をして相談する

監理団体の方と連絡をとり、失踪した方を捜します。例えば、同僚、実習生や仲の良かった方たちに尋ねます。

外国人技能実習機構に報告をする

監理団体から外国人技能実習機構に失踪したことを報告します。手続きとしては、管轄する地方事務所などに「技能実習実施困難時届出書」に提出してください。

警察に相談する

事件に巻き込まれている可能性もありますので、警察に相談しましょう。失踪の経緯などもお話すると良いでしょう。

労働保険や社会保険の資格喪失の手続きを行う

就業規則の中の退職事由の項目に「従業員が行方不明となり、1か月以上連絡が取れない時で解雇手続きをとらない場合は1か月を経過した日に退職とする」のような記載があれば、労働保険や社会保険の資格喪失の手続きを行うことができます。もし、このような規程がない場合は、この機会に就業規則の改定を行いましょう。

給与の支払い

銀行振込の場合は、今までの振込先に入金しましょう。また、失踪後に他の人が取りに来られても、本人以外に給与を渡すことは法律では禁止されていますので、その方に本人に取りに来てもらうように伝えましょう。

失踪や行方不明は大変残念なことですが、「備えあれば憂いなし」という言葉のように、万全の体制を作っておきましょう。

第6章 その他に知っておくべきこと

Complete Manual for Employing Foreign Workers

SECTION 60

社内での感染症への対応を周知徹底する

新型コロナウイルスの感染が拡大しており、企業でも新型コロナウイルスへの対応を行っています。その内容を外国人労働者にも周知徹底しましょう。

感染予防の教育と対策

まずは、外国人労働者に感染予防の教育をしましょう。手洗い、うがい、咳エチケットやマスクの着用をなるべく徹底してもらいましょう。現場で教育が徹底されている場合は、手洗いや消毒など日本人労働者より熱心に取り組まれているケースもあるようです。

次に、万が一のために備えて新型コロナウイルスに感染してしまった場合の連絡体制を作り、従業員に知らせなければいけません。例えば、従業員から体調不良の報告があれば、自宅療養をしてもらうなど企業ごとの方針を示す必要があります。また、自宅療養中の従業員に対しては、1日1回以上は会社から連絡をいれるか、もしくは会社に連絡をしてもらうように指示しましょう。

厚生労働省から出ている案内によりますと、風邪の症状や発熱が続いて、倦怠感や呼吸困難な場合は、各都道府県に設置されている帰国者・接触者相談センター、保健所やかかりつけ医などに相談することになっています。相談後に、その際の指示を、企業に報告するなど対策をきちんとお伝えするなど、もしもの場合に備えることが大切です。

特に、一部の外国人労働者の場合は、風邪の場合でも病院に行かないケースもありますので、企業としての方針を共通認識として持ってもらうことが大切です。社内での回覧などだけでは、わかりにくいようであれば、口頭でもきちんと説明をしましょう。また、業界により個々の対策が取られていますので、そちらについても説明をしましょう。

最後に、企業の働き方についても時差出勤、テレワーク、自宅待機などの指示があります。それらについても、きちんと説明し、理解してもらいましょう。どちらにしても、普段予想できない緊急事態ですので、社内の新型コロナウイルスへの対応を周知徹底することが必要不可欠でしょう。

SECTION 61

外国人労働者が感染症にかかった時

従業員の中から感染症にかかった時は、罹患した従業員の回復とその他の従業員の体調管理について最優先に考えましょう。新型コロナウイルスに感染し、保健所からの勧告で入院となった場合、医療は公費負担になりますので、情報提供してあげると良いでしょう。また、療養のため働くことができない場合、傷病手当金は支給される可能性が高いので、適切に申請をしてあげましょう。傷病手当金は、療養のため労務に服することができなくなった日から起算して３日を経過した日から労務に服することができない期間に支給される手当です。次に、技能実習生が病院に行く場合には、日本語がうまくない場合、症状をきちんと伝えることができないので、監理団体は必要に応じて通訳を手配して同行し、外国人患者を受け入れる医療機関に行くなど工夫をして外国人労働者に配慮をしましょう。また、慣れない国で病気にかかるのは、相当不安なものです。電話やメールなどを使って精神的なサポートも必要です。

SECTION 62

新型コロナウイルスの影響による休業手当・有給休暇と助成金

新型コロナウイルスの影響により、企業は事業縮小や休業に追い込まれています。そこで、休業手当・有給休暇と助成金について紹介しましょう。

休業手当・有給休暇

外国人労働者を休ませる場合、一定の要件を満たす場合には、労働基準法における休業手当を行う義務があります。新型コロナウイルス影響による休業についてはケースにより異なりますので、管轄の労働局や社会保険労務士などの専門家に相談してください。

休業手当に該当する場合は、会社側の責任で労働者を休業させた場合に、平均賃金の6割以上を支払う必要があります。労働者が年次有給休暇を申請した場合、原則として取得をさせなければなりません。なお、労働者が年次有給休暇を取得したことを理由にして不利益な取り扱いをしてはいけないことになっています。

新型コロナウイルス関連の助成金

●雇用調整助成金

雇用調整助成金は、経済上の理由により、事業活動の縮小をした事業主が、雇用の維持を図るための休業手当に要した費用を助成する制度です。以前からこの助成金はありましたが、新型コロナウイルス感染症にかかる特例措置を実施しています。生産指標要件の緩和などを認めており、企業により申請しやすいものになっていますので、ご活用ください。

●新型コロナウイルス感染症による小学校休業等対応助成金

新型コロナウイルス感染症に伴い、学校などの臨時休業などにより仕事を休まざるをえなくなった雇用をされている保護者を支援するための助成金です。

●新型コロナウイルス感染症による小学校休業等対応支援金

新型コロナウイルス感染症に伴い、学校などの臨時休業などにより仕事を休まざるをえなくなった保護者であり、個人で業務委託契約などの仕事をしている方に対しての支援金です。

外国人労働者にとって日本人労働者と同じように扱い、不利益な取り扱いをしないように注意しましょう。また、有効な助成金を活用して雇用の維持に努めましょう。

SECTION 63

感染症の影響により、外国人労働者の受け入れが困難に

新型コロナウイルスの影響により、法務省が上陸拒否の対象を追加しているため、外国人労働者が、当面の間、日本への入国ができなくなりました。そこで、技能実習生などの受け入れをしようとしていた企業は、予想外の事態に困惑しています。新聞報道では、外国人実習生が入国できず、農家は作付けを大幅縮小し、経済的打撃を受け、逆に実習が終わり帰国するはずであった技能実習生は渡航制限のため日本にとどまらざるを得ない状況になっています。そのような帰国困難な技能実習生に対して出入国在留管理庁が救済措置を出しています。

ＥＰＡに基づく介護福祉士候補生を受け入れている介護施設では、「12月に候補生を数名受け入れる予定であったが、入国制限をされているために今年度の受け入れができるのかどうかわからない状態だ」と伺いました。

入国制限されるような緊急事態が起きた場合は、常に出入国在留管理庁などのホームページを確認して情報をバージョンアップしておきましょう。

SECTION 64

外国人労働者の解雇

　新型コロナウイルス感染症の拡大により、経営が悪化しても、外国人労働者を日本人労働者と同じように取り扱わなければいけません。解雇についても不利益な取り扱いは許されません。

　解雇とは、企業が労働契約を一方的に終了させ労働者を辞めさせることです。解雇は客観的に合理的理由を欠き、社会通念上相当であると認められない場合には、その権利を濫用したものとして無効です。やむを得ず、労働者を解雇する場合は、30日以上前に予告するか、解雇予告手当（平均賃金の30日分以上）を支払わなければなりません。また、業務上の傷病や産前産後による休業期間及びその後30日間は、原則として解雇できません。

　有期労働契約により雇用されている技能実習生は、やむを得ない事由がない限り、契約期間内に解雇することはできません。外国人労働者だからということで、解雇をむやみにすることはできませんので、ご留意ください。

SECTION 65

鬱にかからないようにする

新型コロナウイルス感染症の影響により「もし、自分が感染者になったら……」や「この先、仕事はどうなるのだろうか？」など将来への不安や自責の念を抱いている人が多いのではないのでしょうか。このようにコロナのストレスをためて抑うつ状態になったり、体調不良になっている状態のことを、医学用語ではありませんが、ちまたでは「コロナ鬱」と呼んでいます。

さすがに、自粛の期間が長いだけにコロナ疲れが出てしまっても仕方ないかもしれません。日本人でさえ非常にストレスの高い状態になっています。ましてや、外国人労働者は、慣れない土地で、母国に帰ることもできず、離れて暮らす家族のことが心配して不安になることでしょう。

このような理由から外国人労働者がコロナ鬱にならないように取り組みをする必要があるでしょう。具体的に紹介してみましょう。

母国の家族と連絡を取る環境を作る

母国の家族と連絡を取る環境作を作ることが必要です。スカイプなどで連絡を取れるように環境を整えることは可能でしょう。例えば、スカイプであれば、通信料の費用負担を決め、パソコンの貸し出しをしたりすることができるでしょう。

相談できる環境を作る

時差出勤や在宅勤務になり、少人数で仕事をしておられる職場も多いでしょう。そうしますと、外国人労働者は、職場においてますます相談する機会が減ってしまいます。メンターがいらっしゃる場合は、こんな時こそ、メンターから外国人労働者に対して声がけをすることが有効です。「食欲はありますか?」や「最近、眠れていますか?」など具体的な声掛けをし、彼らの悩みを聞いてあげることが良いでしょう。特に、電話での会話の時は、ゆっくり聞き取りやすい声で話してあげましょう。

睡眠は、相手の心身の不調の度合いを知るには最適です。眠れていない時は、生活の乱れ、精神的なストレス、スマホやパソコンを長時間凝視するなどが考えられます。その解決策として次に紹介します。

❶寝る前はスマホやパソコンなどを見ない
❷朝ごはんを食べて、腹時計をリセットする
❸朝は同じ時間に起きる
❹眠れないことを気にしすぎない
❺眠たくなったら、寝床に就く

SECTION 66

ハラスメント防止の取り組みを実施する

２０２０年6月から、パワハラ防止措置などの実施が義務化されます。中小企業主については、２０２２年4月から始まります。それに伴い、パワハラに対して、雇用管理上の措置義務が事業主に課せられるようになり、パワハラ防止に対する取り組みがますます強化されるでしょう。

現在、パワーハラスメントだけでなく、様々なハラスメントが存在しています。順に紹介しましょう。

パワーハラスメント

「パワー」とは、「権力」のことであり、「ハラスメント」とは、「嫌がらせ」のことを言います。ハラスメントを詳しく言いますと、「相手を不快にさせ、尊厳を傷つけたり、不利益を与えたり、脅威を与えること」を示します。つまり、「権力や立場を利用した嫌がらせのこと」です。

レイシャルハラスメント

「レイシャル」とは、「人種」のことであり、「ハラスメント」とは、「嫌がらせ」のことを言います。つまり、国籍や人種に関する嫌がらせのことです。

セクシャルハラスメント

「セクシャル」とは、「性的な」のことであり、「ハラスメント」とは、「嫌がらせ」のことを言います。つまり、性的な発言や嫌がらせのことです。対象者は、女性だけでなく、男性の場合もあります。

マタニティハラスメント

「マタニティ」とは、「妊産婦の」のことであり、「ハラスメント」とは、「嫌がらせ」のことを言います。つまり、妊娠・出産経験者に対する嫌がらせのことです。ハラスメント対策の総合情報サイトである「明るい職場応援団」によりますと、パワーハラスメントには6つの類型があり、次のような説明をしています。

❶身体的な攻撃（蹴ったり、殴ったり、体に危害を加えるパワハラ）
❷精神的な攻撃（侮辱、暴言など精神的な攻撃を加えるパワハラ）
❸人間関係からの切り離し（仲間外れや無視など個人を疎外するパワハラ）
❹過大な要求（遂行不可能な業務を押し付けるパワハラ）
❺過小の要求（本来の仕事を取り上げるパワハラ）
❻個の侵害（個人のプライバシーを侵害するパワハラ）

結局のところ、外国人労働者との関係性、状況、心理状態によりハラスメントになるかどうか流動的に決まります。そのため、ハラスメントの取り扱いは難しいものであると注意してください。ハラスメント防止のために日頃から信頼関係を作り、問題があればお互いに話し合えることが大切でしょう。

SECTION 67

外国人雇用管理指針

「外国人雇用管理指針」とは、外国人労働者の雇用管理の改善などに関して事業主が努めるべきことを記載しています。募集・採用、労働条件・安全衛生、労働保険・社会保険、人事管理・生活支援など、在留資格に応じた措置などの幅広い内容になっています。なかでも、募集時や労働契約の締結時に、母国語その他当該外国人が使用する言語または平易な日本語を用いるなど、理解できる方法により明示するように努めなければなりません。

また、2020年4月から改正施行されているパートタイム・有期雇用労働法に合わせて、改正指針において外国人労働者についても、正規従業員と非正規従業員との間の不合理な待遇差や差別的取扱いの禁止することとしています。

外国人労働者から通常の労働者との待遇の相違の内容及び理由などについて説明を求められた時も、通常の労働者との待遇の相違の内容やその理由について、母国語その他当該外国人が使用する言語または平易な日本語を用いるなど、理解できる方法により明示、説明をするように努めなければなりません。

加えて、安全衛生教育の実施についても、同様な方法で明示する必要があります。つまり、通常の労働者と同様の雇用管理をすると同時に、わかりやすい表現で説明することが必要でしょう。

SECTION 68

雇用管理や職業生活について誰に相談するのか？

雇用管理については幅広い分野にわたりますので、官公署の問い合わせ先について説明しましょう。

労働基準監督署

賃金や労働時間などの労働条件や安全管理、労災に関することについて相談することができます。

労働局雇用均等室

男女機会均等、育児・介護休業、パートタイム労働者の雇用管理、ハラスメントなどの相談をすることができます。

総合労働相談コーナー

労働問題に関する解雇、雇い止め、配置転換、賃金の引き下げ、募集・採用などあらゆる分野の相談をすることができます。

ハローワーク（公共職業安定所）

職業相談、職業紹介、雇用保険に関する給付などの相談をすることができます。国民に安定した雇用機会を確保することを目的としています。

年金事務所

年金に関する相談をすることができます。また、厚生年金に関する事業所の事務手続きは、管轄の年金事務所に相談することができます。

全国健康保険協会

中小企業などで働く従業員やその家族が加入されている健康保険に関する相談をすることができます。「協会けんぽ」という愛称で呼ばれることもあります。

🌐外国人雇用管理アドバイザー制度の活用

外国労働者を雇い入れしている企業や雇用予定のある企業に対して外国人労働者の雇用管理の改善や、職業生活上の問題についてアドバイスを行う制度があります。これを「外国雇用管理アドバイザー制度」と言います。アドバイザーに相談する時は、管轄のハローワークで申し込みますと、後日アドバイザー事業所が訪問を行うものです。もちろん、相談料は必要ありません。

その他、実習生の場合は、監理団体、ＥＰＡに基づく受け入れの場合は、公益社団法人厚生事業団（ＪＩＣＷＥＬＳ）、派遣労働者の場合は派遣会社などで相談することも有効でしょう。また、労働法や社会保険の専門家である社会保険労務士に相談しましょう。

おわりに

２０２０年１月に日本で初めて新型コロナウイルスの感染者が確認され、その後、感染拡大に備える改正特別措置法（新型コロナ特措法）に基づく政府対策本部の会合が官邸で開かれ、緊急事態が宣言される事態となりました。結果として、企業は事業を縮小し、休業を余儀なくされました。

オリンピックイヤーとして躍動的な年になる予定でしたが、今まで類を見ないほど「見えないものへの恐怖」が日本を脅かしています。最初は、遠くのアジア圏内のことだと思っていた欧米を始めとする諸外国にも感染が蔓延して世界が震撼しました。

私は、イタリアでの多数の病死者が出ているニュースを見てイタリア在住のいとこをとても心配になりました。いとこの消息について叔父に尋ねますと、「イタリアは外出規制令が出ており、自宅待機でいるから大丈夫だよ。日本は、法的な規制がないので、心配だよ。」と話していたようです。その話を聞いて日本の常識が各国との考え方が違うことを改めて感じました。

そのような中で、今こそ日本人の雇用状況だけで考えるのではなく、世界と比較してどうなのかを問うグローバルな視点も必要だと考えております。

例えば、最近の統計では、アメリカの平均年収は５６８万円に比較して、日本の平均年収は４４１万円であり、アメリカのほうが高くなっています。また、インドと言えば安い人件費のイメージがありますが、今やインドの優秀なエンジニアの初任給は年間１５００万円であり、日本の２０１９年の大卒初任給は厚生労働省の賃金構造基本統計調査によると、平均で月額21万２００円でした。日本での当たり前を一度考え直してみて、「諸外国ではどうなのか」、そして目先のことだけでなく、中長期的にどうしたいのかを考えながら、「自社がどうあるべきか」を考えていくことが必要なのだと思いました。

本書では、在留資格、採用、外国人を雇うために必要な手続き、雇用契約、労務管理、外国人労働者を雇った後の注意点について書かせていただきました。

皆様の企業において、外国人の雇用をする際に実務的に参考にしていただければ光栄です。

山田真由子

■著者紹介

山田《やまだ》　真由子《まゆこ》　特定社会保険労務士。山田真由子社会保険労務士事務所代表。

26歳の時に社会保険労務士の試験に合格。民間企業にて販売、総務、人事を経験する。その後、社会保険労務士事務所にて勤務社会保険労務士として従事。2006年12月開業。労務相談、就業規則作成、労務監査、採用支援、評価制度策定、メンタルヘルスなどの業務に携わる。事業者目線で優れた情報の提供と新しいサービスを実現するために日々取り組んでいる。セミナー、講演の他、コンサルティングを行う。これまでのセミナー、講演の回数は延べ1,300回以上。相談件数は延べ10,000件以上を数える。

講演実績としては、医療福祉、公的団体、経済団体、業界団体、JA、安全大会、労働組合、自治体など多数。相談実績としては、介護労働安定センター、ひょうご仕事と生活センター、産業保健総合支援センター、中小企業団体中央会など多数。

●mail：officeyamada@nifty.com
●Facebook：https://www.facebook.com/mayuko.yamada.5

編集担当：西方洋一／カバーデザイン：秋田勘助（オフィス・エドモント）

外国人労働者の雇い方 完全マニュアル

2020年8月3日　初版発行

著　者　山田真由子
発行者　池田武人
発行所　株式会社　シーアンドアール研究所
新潟県新潟市北区西名目所4083-6(〒950-3122)
電話　025-259-4293　FAX　025-258-2801
印刷所　株式会社　ルナテック

ISBN978-4-86354-315-7 C0036